Biblioteca Austriaca

Colección fundada por
Juan Marcos de la Fuente

Joaquín Garrigues Walker
Biografía de un liberal seductor

.

Joaquín Garrigues Walker en la jura como Ministro de Obras Públicas y Urbanismo de España ante su Majestad el Rey, el Presidente del Gobierno Adolfo Suárez y el Notario Mayor del Reino, Pío Cabanillas, el 4 de julio de 1977.

Mario Jaramillo

JOAQUÍN GARRIGUES WALKER

Biografía de un liberal seductor

Prólogo de
Lorenzo Bernaldo de Quirós

Unión Editorial
2024

© 2024 Mario Jaramillo
© 2024 UNIÓN EDITORIAL, S.A.
c/ Hilarión Eslava, 21, local • 28015 Madrid
Tel.: 913 500 228
Correo: editorial@unioneditorial.net
www.unioneditorial.es

ISBN: 978-84-7209-918-0

Depósito legal: M. 9.466-2024

Compuesto e impreso por El Buey Liberal, S.L.

Printed in Spain • Impreso en España

*«El mayor tributo que se puede rendir a un hombre
es tratar de entender su obra»*

Joaquín Garrigues Walker,
26 de junio de 1961

ÍNDICE

*Joaquín Garrigues Walker con el presidente
Adolfo Suárez.*

PRÓLOGO

Por Lorenzo Bernaldo de Quirós

Joaquín Garrigues Walker (1933-1980) fue una de las figuras claves en el período histórico conocido como la Transición. Su temprana muerte y el paso del tiempo han hecho olvidar o, al menos, han oscurecido la relevancia de quien simbolizó el liberalismo en la naciente democracia española. Por eso, el libro de Mario Jaramillo, *Joaquín Garrigues Walker. Biografía de un liberal seductor*, tiene una enorme relevancia no sólo por realizar una justa y necesaria evocación del biografiado, sino por el presente momento político español definido por el proyecto de cambio de Régimen impulsado por la izquierda hacia un modelo de sociedad estato-colectivista en las antípodas del defendido por Joaquín durante su corta y brillante carrera en la res pública.

Mario Jaramillo realiza a lo largo de las páginas de su texto una magnífica síntesis de la vida, de las ideas y de la acción de Garrigues con el telón de fondo del final de la larga dictadura del general Franco, cuya desaparición abrió la oportunidad de construir un régimen político de libertades, un orden jurídico constitucional en el que fuesen posibles y compatibles la discrepancia ideológica, la convivencia pacífica entre los españoles y el progreso. Esa dinámica de cambio se plasmó en la Constitución de 1978, la primera en la Historia resultado de un amplio consenso entre todas las fuerzas representativas de la sociedad española.

Joaquín era una *rara avis* en la escena política de su época. Esa rareza se expresaba en ser abanderado del liberalismo en un país donde esa tradición no sólo estaba cuasi olvidada, sino que había sido simbolizada por el franquismo como la raíz de gran parte de los males patrios. Por añadidura, el ideario liberal resultaba exótico en un escenario en el que, de izquierda a derecha, casi todos los partidos de la época abrazaban con distinta intensidad idearios de corte estatista e intervencionista, sobre todo en el ámbito de la economía. En 1977, España permaneció al margen del abandono del consenso socialdemócrata-keynesiano que comenzaban a realizar las formaciones de centroderecha en Occidente.

El texto de Mario Jaramillo refleja la paulatina evolución del pensamiento de Joaquín de lo que podría denominarse *talante liberal,* unido a una defensa más intuitiva que doctrinal del capitalismo de libre empresa y del entorno institucional necesario para su correcto funcionamiento, a la asunción de un corpus doctrinal de una enorme coherencia y solidez. En esa fase de maduración intelectual, la lectura de *Los fundamentos de la libertad* de Hayek fue el punto de inflexión hacia la configuración de una concepción del orden social asentada en los principios del liberalismo clásico. En el acercamiento de Joaquín a esta posición algunos amigos y colaboradores de él, en especial Julio Pascual, tuvieron una influencia decisiva.

El drama personal de Joaquín, la enfermedad que le llevaría a la muerte, emerge cuando sus facultades intelectuales y políticas han alcanzado su punto de maduración. Además, se produce en un contexto trascendental y de enorme repercusión para el devenir de España: la crisis de la UCD provocada por el agotamiento del proyecto liderado por Adolfo Suarez una vez aprobada la Constitución. El centrismo suarista era una posición táctica sin contenido ideológico y, por tanto, sin capacidad de plantear un programa de futuro. Esta era la tarea básica de esa hora dada la flexibilidad interpretativa de la Ley de Leyes en aspectos básicos de la ordenación política, económica, social y territorial.

Joaquín percibió con una enorme lucidez esa situación y, a pesar de su precario estado de salud, abanderó la necesidad de consolidar y reformular una opción a cuya derecha se encontraban los herederos del franquismo y a su izquierda un PSOE aún preso de sus maximalismos marxistas. España precisaba un partido que, desde el marco constitucional, desarrollase un modelo de Estado asentado en la defensa-protección de las libertades, en la efectiva separación de poderes, en la creación de un capitalismo de libre empresa y en una organización territorial descentralizada como medio para «formar una unión más perfecta».

Si Joaquín no hubiese muerto, esa estrategia hubiese triunfado y, sin duda, el devenir de España sería muy diferente. La UCD no hubiese desaparecido; probablemente el PSOE no hubiese ganado las elecciones de 1982 y, de hacerlo, no por una mayoría abrumadora y con un poder cuasi absoluto durante tres lustros, y el centro derecha no hubiese tardado una década en convertirse en una alternativa creíble de gobierno. Obviamente, este contrafactual es discutible, como casi todo, pero su materialización resulta bastante verosímil.

Para terminar, el ideario de Joaquín Garrigues Walker se expresa con exactitud en su conferencia del 13 de diciembre de 1978 en el Instituto de Economía de Mercado y en estos tiempos turbulentos tiene una enorme actualidad y vigencia:

> Yo creo en un Estado que reconozca las libertades individuales y colectivas y que garantice los derechos humanos. Un Estado que fomente la competencia económica y no tolere los monopolios ni los privilegios. Un Estado donde todos los pueblos de esa comunidad que llamamos España puedan organizar su vida local en un régimen administrativo de máximas libertades. Un Estado donde nadie esté por encima de la ley y todos los poderes públicos tengan que dar cuenta de sus actos.

Madrid, 1 de marzo de 2024

13

*Joaquín Garrigues Walker
durante el Congreso de UCD.*

Introducción

¿Por qué una biografía de *Joaquín Garrigues Walker?* Es la pregunta probable que se harán quienes se acerquen a este texto. Se le recuerda como político, tal vez como abogado, quizás como empresario. Pero esto no es suficiente para abordar la trayectoria de un hombre. Si se le recuerda, o se le piensa como una figura liberal y esencial de la Transición a la democracia, tras el fallecimiento del general Francisco Franco, no resulta equivocado afirmar que ya ocupa un lugar en la historia contemporánea de este país y, por tanto, amerita una biografía.

Se han cumplido ahora noventa años de su nacimiento. Se trata de un lapso de tiempo válido para efectuar una valoración histórica y establecer el papel del personaje dentro de un contexto de reciente pretérito. De hecho, la historio grafía actual ha entrado, desde hace pocos años, a revisar, reconsiderar y reestudiar la Transición española. Esos estudios se caracterizan por la óptica fría con que se abordan, muy diferentes a los que se desarrollaron en la década de los 70 y 80 del siglo pasado, marcados por el fragor del momento y las circunstancias inmediatas de sus protagonistas.

Pero una biografía reclama algo más. La construcción biográfica requiere de potentes cimientos. Existen tres factores determinantes para componer la trayectoria vital de un sujeto. El primero de ellos es el genio. Supone la constitución del yo. Lo que es el yo. Lo que estructura al ser. Exige no solo la investigación de la personalidad y el carácter del biografiado, sino también la búsqueda de la vocación, del proyecto de vida del sujeto. Es la fisonomía interior del individuo en cuanto hombre único. El segundo factor es el medio. Es el espacio social donde el yo confluye. Supone la investigación tanto de los hechos circundantes en la época del biografiado como de las corrientes políticas, sociales y económicas predominantes en ese momento. Y el tercer factor es el ingenio, que se refiere a la pericia del individuo para influir en su entorno. Es la investigación de cómo, en determinado individuo, confluye una serie de características que le permite emplazarse en el espacio social y obrar sobre él. Ello significa, en consecuencia, que el biógrafo debe indagar por el aparato intelectual con que el individuo opera sobre la sociedad. Debe ir, por tanto, tras sus ideas, tras sus escritos; en suma, tras aquellas herramientas intelectuales que empleó para penetrar, modificar o alterar el entorno de su tiempo.

Una de esas herramientas, quizás la más importante, fue la palabra escrita. Joaquín Garrigues Walker fue un escritor nato. Prolífico, contundente y de notable escritura. Cercano a la prensa de su tiempo, fue un columnista de los medios de comunicación más influyentes de la época, como *El País*, *Cambio 16* y *ABC*. La obra política de Garrigues no se entendería si no se explora en detalle su opinión en prensa. Fue un intelectual de la política y ello se infiere de su protagonismo en periódicos y revistas de entonces.

En suma, las características que justifican una biografía son, como lo precisa uno de los biógrafos de Adam Smith, Edwin George West, «primero la originalidad, segundo que refleje el espíritu de su tiempo, tercero su propia pericia personal». Joaquín Garrigues Walker reúne magníficamente esos requisitos. En línea semejante se enmarca, también, lo dicho por uno de los biógrafos de Antonio Fontán, amigo de Garrigues. El escritor español Arturo Moreno Garcerán precisa los elementos de la construcción biográfica, donde «la realidad configurada por los hechos evoluciona por el propio efecto que producen estos, por la mutación que introducen las circunstancias y por la acción de los hombres que pueden, en ocasiones, dirigir o alterar el curso de los mismos».

En este sentido, cabe, pues, citar a un político contemporáneo de Garrigues, Miguel Herrero de Miñón, considerado uno de los padres de la Constitución española: «Un político del que todos decimos hubiera podido cambiar la suerte de la derecha española si la muerte no lo hubiera arrebatado en plena juventud». Y, sin embargo, alcanzó a influir fuertemente en el curso de los acontecimientos que hicieron posible la Transición, como se puede ver en esta biografía. Garrigues «aportó [a la Transición] ese principio de defensa de la libertad, tan fundamental en las democracias», precisa Soledad Becerril en entrevista para este libro.

La suerte del partido Unión de Centro Democrático —UCD—, y, por tanto, la de España, no hubiera sido la misma si Garrigues no hubiese estado presente. Era una España asistida por el miedo a perder el futuro, a que alguien pusiera la marcha atrás. Una España que miraba de reojo a Portugal, viciada por la incontenible turbulencia.

Joaquín Garrigues Walker nació en Madrid, el 30 de septiembre de 1933, y cursó estudios de bachillerato en el Colegio Nuestra Señora del Pilar. En 1950 ingresó a la facultad de derecho de la Universidad Complutense donde se graduó de abogado. Luego de permanecer un año y medio en Estados Unidos, se dedicó al ejercicio privado de su profesión. En 1974 tomó la decisión de participar en política. En 1976 creó la sociedad Libra, un gabinete de estudios políticos que dio paso al Partido Demócrata —PD—, prontamente integrado a la Federación de Partidos Demócratas y Liberales —FPDL—, que fue inspirada por el propio Garrigues y de la cual fue su presidente. En 1977 la Federación se convirtió en una de las fuerzas que dio origen a la coalición política que, bajo el nombre de Unión de Centro Democrático —UCD—, triunfó en las elecciones generales del 15 de junio de ese mismo año. Garrigues Walker salió elegido diputado por Madrid, y ocupó enseguida el Ministerio de Obras Públicas y Urbanismo del primer gobierno democrático, presidido por Adolfo Suárez. Tras la disolución de los partidos fundadores de la coalición de UCD, se convirtió en una de las figuras más sobresalientes del partido naciente. Permaneció en el Ministerio hasta 1979, cuando se convocó a nuevas elecciones generales, en las que fue elegido diputado de UCD por Murcia. En el nuevo gobierno de Suárez fue nombrado Ministro Adjunto a la Presidencia. Poco tiempo después, el 28 de julio de 1980, falleció en Madrid, víctima de leucemia.

Formó parte de una familia mítica: los Garrigues. Una familia que trascendió el ámbito privado para descollar públicamente y generar opinión. Una familia seductora y atractiva que fue comparada con la de los Kennedy. Se hablaba, entonces, simultáneamente, del clan Kennedy y del clan Garrigues. Como lo señala el periodista Juan Luis Cebrián, alma del periódico *El País*, en palabras para esta biografía: «Joaquín, como los Kennedy, transmitía aire de modernidad, aire liberal, aire seductor. Seductor de personas y masas. Había, al mismo tiempo, un cierto elitismo cultural que también tenía toda la familia Garrigues y en eso se parecían las dos familias. Había similitudes».

La proyección de Joaquín Garrigues Walker se hizo evidente a través de la exposición ideológica del liberalismo y su defensa política e intelectual de la democracia. Destacó como el más notable defensor e impulsor de la ideología liberal en la España de la Transición. Esta biografía indaga por esa trayectoria, a partir de fuentes orales que desde un principio se consideraron indispensables para su caracterización. En este sentido fueron entrevistados Emilio Garrigues Díaz-Cañabate, tío del biografiado, quien ofreció un interesante relato sobre los orígenes liberales de la familia Garrigues; Antonio Garrigues Walker, hermano de Joaquín, quien aportó información relevante en torno a los primeros nutrientes ideológicos del biografiado; Julio Pascual, la persona con quien Garrigues Walker mantuvo un mayor y fluido diálogo durante su vida pública; Soledad Becerril, su compañera de brega política e ideológica; y Juan Luis Cebrián, director de *El País* durante la Transición, que contó aspectos importantes sobre la vida de Joaquín y los Garrigues. Estas entrevistas, sin duda, resultan valiosas para dibujar, de manera auténtica y fidedigna, el perfil biográfico de Garrigues Walker.

Esta biografía muestra la estructura de la formación liberal del biografiado y señala su evolución en el tiempo. Precisa cómo Joaquín Garrigues Walker partió de un liberalismo elemental, derivado del entorno familiar, que apuntaba a la necesidad de dividir el poder político y económico, como mecanismo para proteger la libertad del hombre. Un liberalismo incipiente que luego se tornó más amplio y complejo a través de diversas influencias. La biografía se ocupa, además, de lo que significó para él Estados Unidos. Se repasan así sus ideas en torno a este país, del cual admiró su democracia y el proceso fundacional dirigido a limitar constitucionalmente el poder político.

A pesar de ser entonces el liberalismo una ideología a contracorriente, inmersa en esa especie de inercia que dejaba el régimen franquista a favor del protagonismo estatal, Garrigues no solo permeó el proyecto político de la Unión de Centro Democrático, el partido que cambió el curso de los acontecimientos en la España de entonces. También logró que la Constitución aprobada en 1978 consagrara la economía de mercado como sistema económico.

De múltiples maneras estas páginas dan cuenta de que Garrigues no solo estuvo comprometido con la política, sino que la dotó de un nivel intelectual importante, que pocos advirtieron en su época. Y en la política no solo fue un notable liberal, un demócrata acérrimo y seductor, sino encarnó, además, a un hombre cuya vida pública tuvo la misma duración que la propia Transición. Su corta trayectoria política fue tan intensa y vibrante como lo fue uno de los periodos más emocionantes de la España contemporánea.

Garrigues Walker ironiza con Adolfo Suárez.

Okay

El año en que nació Joaquín Garrigues Walker, 1933, no fue un año cualquiera. Los acontecimientos sucedidos, como una estela sobre su destino, impregnaron su trayectoria, su vitalidad, sus reflexiones.

En 1933, mientras Joaquín nacía en Madrid el 30 de septiembre, las mujeres españolas ganaban el derecho a votar en unas elecciones generales. Garrigues Walker, huérfano de madre a los once años, creyó fehacientemente en la igualdad de derechos entre el hombre y la mujer, en la libertad para todos, en la abolición de medidas discriminatorias y en la tutela de los derechos humanos establecidos en la Declaración Universal de las Naciones Unidas. Dentro de su ideario, mantuvo la proclamación universal que proclamó que toda persona tiene todos los derechos sin distinción alguna por razón de sexo, que es igual ante la ley y tiene, sin distinción, derecho a igual protección de la ley. En una época vedada a la inserción efectiva de la mujer en la sociedad, Garrigues auspició la participación femenina en la política y en la administración del Estado.

En 1933, en Estados Unidos, tomaba asombrosa forma el liderazgo de Franklin Delano Roosevelt, el nuevo presidente demócrata. Este hombre marcó a John Kennedy no solo por sus capacidades manifiestas ante las crisis, sino por actuar como un líder con vigor. Kennedy admiraba su imaginación e ideas; su determinación y acción; su liderazgo articulado, reflexivo, visionario e ingenioso. Le siguió la huella. Y la huella de Kennedy, aunque no le trascendió ideológicamente, fue el arquetipo político de Joaquín Garrigues Walker.

En 1933, Adolfo Hitler se convirtió en canciller del Reich. Era el jefe del partido nazi, que enseguida disolvió el Reichstag para dar comienzo a la dictadura nacionalsocialista. Garrigues fue un severo combatiente de los totalitarismos, de la dictadura del general Francisco Franco, a la que sirvió Hitler cuando le ayudó a ganar la Guerra Civil y a instaurar el régimen.

Cuenta su padre, Antonio Garrigues y Díaz-Cañabate, que el apellido Garrigues es de origen francés, de la zona pirenaica, hacia el Rosellón y la Provenza. De allí pasó a Cataluña, luego a Valencia y terminó asentado en Murcia. El abuelo de Joaquín era murciano, nacido en Totana, a menos de setenta kilómetros de Cartagena.

La familia Garrigues-Cañabate estuvo compuesta por cinco hermanos varones, que también perdieron a su madre a muy temprana edad. Era una mujer delgada, alta y morena, «con una cierta mezcla de dulzura y un punto de tristeza»[1], según su hijo Antonio. El padre era abogado y secretario de Sala, pero su pasión fue el campo donde ejerció de agricultor en las fincas que poseyó en Murcia y Almería. Fue el hombre que sembró entre dos de sus hijos la vocación jurídica.

---

[1] Garrigues y Díaz-Cañabate, Antonio, *Diálogos conmigo mismo*, Barcelona, 1978, p. 14.

El origen murciano determinó en los Garrigues un sino mediterráneo, abierto y templado. Siempre volvieron a la región, al campo, marcados por una percepción sentimental que se hundía en la niñez. El padre de Joaquín, sin embargo, no nació allí, sino en Madrid, el 9 de enero de 1904. Y en Madrid cursó sus estudios universitarios, en derecho, en la calle de San Bernardo. Compartía los estudios jurídicos con lecturas en filosofía, literatura y arte. Le atraía el humanismo y se lo transmitió a sus hijos. Ejerció la profesión de abogado cuando terminó la Guerra Civil.

La madre de Joaquín y esposa de Antonio fue Helen Anne Walker, ciudadana norteamericana nacida en Des Moines, Iowa, y criada en Nueva York. Era hija del ingeniero jefe de la ITT en España cuando tomó forma la Compañía Telefónica. La conoció en Madrid, donde se casaron por lo católico y por lo protestante, en la Iglesia de los Jerónimos. Helen, sin embargo, se convirtió luego al catolicismo, en 1932, gracias a las lecturas de las obras de Santa Teresa. Joaquín perdió a su madre cuando tenía apenas once años y su padre tuvo que encargarse de la crianza y el sostenimiento de una numerosa familia. Eran Juan, Joaquín, José Miguel, Antonio, Ana, Elena y Mauri. Las tres fueron monjas.

A pesar de las horas que ocupaba en la crianza y educación de sus hijos, fue un hombre que tuvo tiempo para los amigos: Federico García Lorca, Pepín Bello y el torero Ignacio Sánchez Mejías, a quien vio morir tras una cogida en la plaza de Manzanares y a quien Lorca dedicó un poema. También era amigo de José Bergamín, de Juan Lladó, del conde Mieres, del duque de Alba y del conde de Fontanar. Compartió momentos con Pedro Salinas, Luis Cernuda, Dámaso Alonso, Jorge Guillén y Vicente Aleixandre y con José Antonio Primo de Rivera, aunque nunca fue falangista. De su amigo Lorca llegó a decir: «Federico era un espectáculo en sí mismo, aparte de ser un escritor extraordinario.

Realmente, su personalidad, su compañía y su trato sobrepasaban todos en él al escritor»[2].

En ese ambiente, crecieron sus hijos. Rodeados de cultura. Y rodeados de política porque Antonio Garrigues, republicano en sus inicios, participó ampliamente en la vida pública española. Fue director de general de los Registros y del Notariado del Ministerio de Justicia en 1931, durante el gobierno provisional de la República, nombrado por Fernando de los Ríos, entonces ministro de Justicia y militante del Partido Socialista Obrero Español —PSOE—. Fue embajador de Franco en Estados Unidos y en el Vaticano y ministro de Justicia durante el primer gobierno de la Monarquía, tras la muerte del general.

Esos fueron el medio y entorno, al que no podía sustraerse, en el que vivió su hijo Joaquín, nacido en Madrid el 30 de septiembre de 1933.

Su hijo, sin embargo, no compartió las ideas políticas del padre. Tampoco la familia actuó en la definición de su carrera. No había un «clan Garrigues» al estilo del «clan Kennedy», caracterizado por la homogeneidad de pensamiento, sujeto a una disciplina especial y a un destino común, según explicó su padre. Joaquín «ha ido a la política por su propia, personal vocación y decisión, sin la menor intervención del supuesto «clan Garrigues», y permanecerá o saldrá de ella por igual motivación y con la misma libertad»[3].

Padre e hijo no congeniaron en el terreno político. Como si quisiera marcar aún mayores distancias, Antonio escribió en 1978: «No reniego de haber servido bajo el régimen de Franco como embajador de España en Washington y en el Vaticano, ni creo que haya que borrar ni maldecir sin más, aunque sí enjuiciar, los cuarenta años de ese régimen, porque lo que hay que borrar y maldecir es el mal espíritu

---

[2] Ibíd., p. 25.
[3] Ibíd., p. 29.

que llevó a los españoles a la Guerra Civil»[4]. Confesó, además, que no entendía el centrismo, y que «las expresiones »centro derecha», «centro izquierda» no son más que una forma semántica de eludir lo que realmente son, posiciones de derecha o de izquierda»[5]. Decía esto en momentos en que su hijo había optado por el centrismo de UCD.

Durante la Guerra Civil, los Garrigues Walker vivieron en un pequeño piso en la calle de Castelló, de Madrid, donde dieron refugio a muchas personas. Terminado el conflicto, Joaquín comenzó el bachillerato. Ingresó en San José Cluny, cerca a la glorieta de Castelar. «Después fui a estudiar primer curso a los Sagrados Corazones, y desde segundo de bachillerato hasta séptimo estuve en el colegio del Pilar, de los marianistas»[6], cuando los Garrigues ya vivían en la calle de Alcalá Galiano, junto a la presidencia del Gobierno.

Joaquín no fue un destacado alumno en el colegio. «Algunas semanas podía ser el séptimo, y otras el veintiocho. No repetía cursos, pero tampoco destacaba»[7], contó en una ocasión. El Pilar no lo marcó, según él, ni guardó un grato recuerdo del centro escolar. En los últimos años fue nombrado tesorero de la congregación mariana. «Era un tesorero especial. Yo era el tesorero espiritual. Apuntaba las comuniones y esas cosas»[8]. Tampoco fue buen estudiante en la Facultad de Derecho de la Universidad Complutense. Se consideró a sí mismo como «un estudiante mediocre»[9].

De su juventud, recordaba el primer coche que compró su padre. «Uno de segunda mano, un «opelito». En la familia teníamos la broma de decir que hemos hecho muchos

---

[4] Ibíd., p. 25.

[5] Ibíd., p. 40.

[6] Pi, Ramón, *Joaquín Garrigues Walker, Perfil humano y político*, Madrid, 1977, p. 27.

[7] Ibíd., p. 28.

[8] Ídem.

[9] Ibíd., p. 27.

más kilómetros empujándolo que yendo montados dentro. Después, un año más tarde, se compró un Adler, también de segunda mano, y también un desastre. Y cuando estaba acabando el bachillerato, mi padre compró «una rubia», un Willys Overland»[10].

A pesar de tener una madre norteamericana, nunca se habló en inglés en su casa. «Hablo mal el inglés»[11], confesaba. «Yo no tengo memoria de haber hablado jamás con mi madre una sola palabra de inglés»[12]. Su padre recordó que, cuando murió Helen Anne, tampoco sabía una palabra de inglés porque ella hablaba español a la perfección. Le tocó aprender el idioma más tarde, viudo, por la clientela norteamericana que acudía a su despacho de abogado. Pero lo hablaba deficientemente. Joaquín contó que la única palabra que se oía en su casa en ese idioma era *okay*.

Después, cuando terminó la carrera de derecho, Joaquín viajó a Nueva York. Era el año de 1956. «Mi modo de aprender inglés fue bastante rudimentario. Por las mañanas me veía una o dos películas casi cada día, en algún cine de la calle cuarenta y dos [...]. Me veía montañas de películas del Oeste, o de policías y ladrones, y trataba de comprender lo que decían los actores. Luego iba también a una biblioteca pública, donde leía lo que podía: libros, periódicos, todo»[13].

Regresó a España en 1957 y comenzó a trabajar como abogado a los 24 años en el despacho de su padre y de su tío, también llamado Joaquín. Duró poco. Cuando Antonio fue nombrado en 1962 embajador en Estados Unidos, decidió emprender una vida independiente. «A mí no me satisfacían demasiado las perspectivas profesionales del

---

[10] Ibíd., p. 28.
[11] Ibíd
[12] Ibíd., p. 29.
[13] Ibíd., p. 31.

despacho»[14]. Fue cuando «acordamos que mi hermano Antonio seguiría la tradición familiar, y yo me ocuparía de otras cosas por mi cuenta»[15]. Se dedicó a las finanzas, a través de una pequeña empresa. «Dediqué todas mis energías al mundo de los negocios»[16], durante más de doce años. Desde la Liga Financiera, una sociedad anónima, tuvo importantes contactos con entidades norteamericanas de esta naturaleza.

Dos años antes, sin embargo, cuando tenía 26 años, el entorno cultural que había acompañado a los Garrigues en su casa lo llevó a embarcarse en un proyecto de esa misma naturaleza. Creó Editesa (Ediciones y Teatro, S.A.), una empresa cuyo objeto era la edición y publicación de revistas y libros dedicados fundamentalmente a la cultura. Fue así como fundó la revista *ACENTO cultural* en 1959, que al principio contó con buen apoyo económico. En carta dirigida a José María Entrecanales, le precisaba que era «una revista dedicada exclusivamente a asuntos culturales, que ha sido financiada por el SEU. Su contenido no refleja, sin embargo, ninguna ideología política, pues trata únicamente de analizar desde un punto de vista crítico, el actual momento cultural español»[17]. La sede de la revista estaba situada en la Glorieta de Quevedo, de Madrid.

El SEU eran las siglas del Sindicato Español Universitario, organización sindical estudiantil, de origen falangista, a la que todos los estudiantes españoles estaban obligados a afiliarse. Hacia mitad de la década del 50 del siglo pasado hubo intentos por despolitizarla. El SEU finalmente fue disuelto, tras los disturbios de febrero de 1956, cuando una multitud de estudiantes se enfrentó al régimen franquista.

---

[14] Ibíd., p. 33.

[15] Ibíd

[16] Ibíd., p. 34.

[17] Carta de Joaquín Garrigues Walker a José María Entrecanales, 24 de julio de 1959.

El apoyo de esa organización a Joaquín Garrigues Walker no fue político ni ideológico ni el joven estudiante militaba en la Falange. Era, por entonces, el único instrumento que tenían los universitarios para financiar sus proyectos intelectuales.

Joaquín afirmaba que *ACENTO cultural* era la mejor revista en su género en España. En Editesa, la empresa responsable de esa publicación, que él presidía, lo acompañaron, entre otros, Francisco Ansón Oliart y Guillermo Salvat. Garrigues propugnaba, además, por la publicación de *Crónica de arte*, una revista cultural e ideológica, moderada y ponderada, donde pudiesen publicar todas las tendencias, y dedicada al cine, la literatura y el arte. La iniciativa fracasó, pues no encontró inversores privados ni el SEU quiso financiarla ni el Consejo de Redacción de *ACENTO cultural* la veía con buenos ojos.

Para Garrigues la explicación no era otra que la molestia generada por pretender «abrir las puertas al diálogo entre los diversos sectores de la realidad española»[18]. Joaquín era un valedor del diálogo. Según cuenta el periodista Juan Luis Cebrián, «tenía un espíritu muy dialogante. Tenía unas ideas muy claras respecto a lo que había que hacer para alcanzar la reconciliación nacional entre vencidos y vencedores. En esto influyó muchísimo la educación que recibió y la formación intelectual suya y de todos los hermanos»[19].

Su primer experimento de trasfondo político, sin embargo, no prosperó y no tuvo más remedio que frenar la iniciativa cultural-ideológica. Pero su vocación liberal, democrática y política se había hecho manifiesta en el proceso. El interés por acercar a las diversas tendencias ideológicas españolas marcaba ya su futuro quehacer intelectual en el marco de la política. Esa inquietud también lo llevó a dirigir

---

[18] Carta de Joaquín Garrigues Walker a José Lladó Fernández Urrutia, 1 de febrero de 1960.
[19] Conversación con Juan Luis Cebrián, Madrid, 23 de octubre de 2022.

un seminario de sociología internacional en la Universidad Complutense de Madrid.

Joaquín ocupó la presidencia de la cadena SER (Sociedad Española de Radiodifusión), en cuyo accionariado participaban los Garrigues. Sustituyó a su padre Antonio cuando fue nombrado ministro de Justicia a finales de 1975. Cuando la empresa cumplió cincuenta años, pronunció un discurso donde dejó patente su ironía: «Señores, amigos todos, yo no sé si todos o la mayoría de ustedes me conocen. Soy Joaquín Garrigues, su presidente. Como sin duda sabrán, he llegado a este cargo partiendo desde abajo, luchando día a día y escalando puestos en la confianza de mis superiores»[20]. No solo ocupaba ahora el cargo de su padre, sino había heredado su mismo sentido del humor.

De Antonio Garrigues se recordaba un episodio vivido cuando era embajador ante el gobierno de Estados Unidos. Fue con ocasión del viaje de novios de los príncipes Juan Carlos y Sofía a Washington. Preocupado por la visita, escribió un puñado de mensajes al ministro de Asuntos Exteriores Fernando María Castiella para preguntar cómo debía ser tratada la pareja protocolariamente. No le parecía bien que se presentara como una visita privada, sino que obtuviese todo el reconocimiento oficial. Por más de que insistió, no recibió respuesta alguna. Entonces tomó la decisión de hacerlo por sí mismo y redactó un documento en el que informaba al jefe de protocolo del gobierno que los príncipes representaban a España y a Grecia. Y así fue. Les dispensaron toda suerte de atenciones y recibieron honores militares. Cuando culminó el viaje, le escribió al ministro Castiella: «Los príncipes han estado aquí. Han hecho esto,

[20] Pi, Ramón, *Joaquín Garrigues Walker, Perfil humano y político*, *op. cit.*, p. 18.

esto y esto otro. Como verás, he cumplido tus instrucciones al pie de la letra»[21].

Desde 1974, Joaquín tenía claro que era el momento de dedicarse a la política. Y no lo había hecho antes porque era «imposible penetrar en ella sin colaborar con el régimen»[22]. Pero presentía que el franquismo estaba en su última etapa y que, por fin, podría conducir su ambición política sin ese obstáculo.

Ante la España posfranquista se mostraba como un hombre despreocupado. Era la pátina que lo distinguía entre decenas de políticos ansiosos, cuyas prisas denotaban la urgencia de los cambios y la necesidad inaplazable de romper con un pasado que, como una pesada aldaba, mortificaba las conciencias. El galope marcaba el ritmo para, de una vez por todas, sobreponerse a cuanto había sucedido desde 1936 hasta el 20 de noviembre de 1975, cuando murió Francisco Franco.

Garrigues exhalaba despreocupación. Por eso, ya era un bicho raro en 1976. En medio de una atmósfera cargada de premura, encontró la manera de hacer las paces con la celeridad del momento. Desfogaba su ansiedad oculta con un sorprendente sentido del humor y con cigarrillos *Malboro* que sostenía a media altura entre el cuello y la quijada. Humor y tabaco era la fórmula traviesa empleada para sorprender a los demás y quitarles de paso un poco de hierro. Pero era un hombre que vivía en tensión consigo mismo.

Le costaba explicar su aparición en la escena política. A diferencia de la mayoría de sus contemporáneos, no contaba con pasado político ni mucho menos con pasado franquista. Tampoco había sufrido el régimen dictatorial. No conocía el exilio ni el espionaje ni la persecución ni la

---

[21] Garrigues y Díaz-Cañabate, Antonio, *Diálogos conmigo mismo, op. cit.*, p. 95.
[22] Pi, Ramón, *Joaquín Garrigues Walker, Perfil humano y político, op. cit.*, p. 35.

clandestinidad. Y, sobre todo, era un Garrigues. Un privilegiado social. Por ello, ni los políticos ni los ciudadanos sabían dónde ubicarle.

Enseñaba una personalidad transparente. Esa transparencia era, además, una especie de obligación vital que había asumido para contrarrestar los riesgos de involucrarse en el juego de las camarillas, que buscaban en la Transición, más allá de la construcción de un nuevo Estado, un lugar donde permanecer por largo tiempo.

La transparencia personal que lo caracterizaba tuvo expresión en su carácter pragmático. Buscaba la esencia objetiva de las cosas y la transmisión sin rodeos de su pensamiento. No tenía una personalidad compleja y alambicada. Era directo, sencillo en sus planteamientos y también esgrimía una personalidad ávida por el conocimiento ajeno. Se buscaba la manera de conocer a sus semejantes, tal vez como parte de un proceso de aprendizaje, más que por algún sentido de la curiosidad. Aunque a veces parecía enigmático, en realidad era un freno anímico que pisaba cuando sentía que era asaltado por la ignorancia. Callaba a menudo y repentinamente, como si así diera un compás de espera ante situaciones imprevistas para las que no tenía una opinión solvente. Se decía, por ello, que era inexpresivo. Pero no era cierto. Cuando tomaba la palabra, era sugerente y salpicaba con ironía las referencias a hombres y circunstancias.

Era obstinado. Al entrar a la política, entendió que la obstinación era un requisito clave para alcanzar el reconocimiento y la diferencia. Como parte de su fisonomía interior, tenía el rasgo peculiar de evitar el insulto, la estridencia, y a cambio, ponía su voz lenta y suave al servicio de la interlocución. Sus contemporáneos en política notaban en él a un hombre seguro de sí mismo. Como anota uno de sus biógrafos, Ramón Pi, que lo conoció personalmente, esa seguridad en sí mismo tenía el propósito de no atropellar ni avasallar a nadie. No solía titubear y siempre apaciguaba su tensión con una sonrisa ligera, casi de actor de cine. Jamás llegaba a la carcajada.

En 1976, a los 43 años, Garrigues Walker se jugaba el todo por el todo. Acababa de publicar una defensa intensa de su pensamiento ideológico en el breve libro *Qué es el liberalismo.* Lideraba el Partido Demócrata y acudió en su nombre a una reunión de la oposición en el restaurante *Jai Alai* de Madrid. El joven político, prácticamente recién aparecido, suscribía un documento que fijaba las bases de esa oposición para alcanzar la legitimidad democrática de un referéndum previsto sobre la reforma política. Y en esos momentos, tras la detención de Santiago Carrillo, máximo dirigente de la izquierda republicana, ponía sobre la mesa la necesidad de legalizar el Partido Comunista.

Solo llevaba dos años de figuración pública, pero lo había hecho con tal intensidad que parecía que los españoles lo hubiesen conocido desde hacía décadas, aunque a veces solían confundirlo. Mucha gente creía que Joaquín Garrigues Walker era el mismo Joaquín Garrigues que destacaba en el mundo del derecho. Otros pensaban que era el mismo Garrigues que ocupaba el ministerio de Justicia, nombrado por Carlos Arias Navarro, durante el primer gobierno de la monarquía de Juan Carlos I. Y no pocos lo confundían con su hermano menor Antonio, abogado ya reconocido, miembro de la junta de gobierno del Colegio de Abogados de Madrid. El cuadro se cerraba con unas siglas de prestigio que despistaban al público: J & A Garrigues, el despacho de abogados fundado por los hermanos Joaquín y Antonio Garrigues en Madrid.

Los Kennedy españoles

El despacho de abogados de los Garrigues tenía la peculiaridad de concentrar entre sus clientes prácticamente a todas las multinacionales americanas vinculadas a España. Ellos eran los Estados Unidos a ojos de las élites españolas.

Antonio Garrigues Díaz-Cañabate era un hombre tremendamente guapo, de elegancia suprema, con una fisonomía física muy semejante a la de los hijos de Joseph Kennedy, el patriarca de uno de los clanes más famosos e influyentes de los Estados Unidos. En una España aislada del mundo, provinciana, que apenas balbuceaba algo de francés, América y el idioma inglés eran casi desconocidos. Las películas americanas se doblaban al español y la actriz Ava Gardner era el puente noticioso que llevaba al público a las montañas de Hollywood y a las calles atestadas de Nueva York.

Se decía que por el despacho de los Garrigues desfilaban grandes empresarios americanos, que las casas de Antonio y Joaquín Garrigues Díaz-Cañabate eran anfitrionas de suculentas cenas, a las que acudían millonarios provenientes de los Estados Unidos. Uno de ellos, en efecto, fue Conrad Hilton, que fundó la cadena hotelera Hilton, con quien Antonio tuvo una estrecha amistad. Se hicieron amigos cuando el empresario fue asesorado por el despacho de los Garrigues, a raíz de la puesta en marcha de un hotel en Madrid —el Castellana Hilton—, el primero que empezaba a funcionar fuera de los Estados Unidos.

Contaba Antonio que Conrad Hilton le había narrado sus comienzos de empresario hotelero, tras la Primera Guerra Mundial. Construía su primer hotel y a mitad de la obra se le acabó el dinero. No tuvo más remedio que pagarle al fontanero con un talón de una cuenta sin fondos. Luego se arrepintió, pero ya era tarde. Por cuestiones del destino, el trabajador pudo cobrar el cheque. A la cuenta de Hilton había ingresado un dinero que no esperaba. Desde entonces, uno de sus lemas era «Nunca dudar».

Cuando John Kennedy alcanzó la presidencia en 1960 fue un acontecimiento sin precedentes en la historia de su país, porque era la primera vez que un católico llegaba a esa posición. La curiosidad del mundo se volcó sobre él. A su figura encantadora, su porte físico y su amplia sonrisa, le sucedieron los entresijos familiares. En la campaña habían intervenido todos sus hermanos y la prensa los daba a conocer uno a uno. Se hurgó en la vida de su padre, Joseph Patrick Kennedy; y en el recuerdo de su hermano mayor, Joseph Patrick «Joe» Kennedy, Jr., piloto de bombardero, muerto durante la Segunda Guerra Mundial. La opinión pública conoció a sus otros hermanos, Robert y Edward, y la gran familia bostoniana se transformó en un ícono social y político. Los nueve hijos del patriarca pasaron a ser ineludibles focos de atención y la historia de los Kennedy a ser parte de la historia de los Estados Unidos.

Antonio Garrigues Díaz-Cañabate y Helen Walker parecían reproducir a los Kennedy. Fuertemente católicos, tuvieron ochos hijos, todos ellos apuestos, atractivos y modernos y en cuyos rostros la marca americana resultaba inocultable. «Joaquín, como los Kennedy, transmitía aire de modernidad, aire liberal, aire seductor. Seductor de personas y masas»[23], señala el periodista Juan Luis Cebrián, que conoció de cerca a los Garrigues.

---

[23] Conversación con Juan Luis Cebrián, Madrid, 23 de octubre de 2022.

En España se sabía de la relación de los Kennedy con los Garrigues. Antonio fue gran amigo de Joe, el hermano mayor de John. Lo conoció en Madrid cuando estaba por finalizar la Guerra Civil. Buscó a los Garrigues Walker porque le habían contado que uno de ellos estaba casado con una ciudadana norteamericana. Comía todos los días en su casa, mientras Antonio le informaba sobre los sucesos del conflicto. Era una persona sumamente interesada en conocer los detalles de la confrontación y se convirtió en una buena compañía de Antonio. En una ocasión, un grupo de milicianos les cerró el paso cerca de la calle de Serrano. Cuando se dieron cuenta de que eran comunistas, porque uno de ellos llevaba bajo el brazo un ejemplar de *Mundo Obrero*, les enseñaron documentación falsa comunista. Pero no se libraron. Les resultaba sospechoso que fueran en coche. Entre los documentos, hallaron el pasaporte diplomático de Joe. A Antonio se le ocurrió inventar la situación: les dijo que el norteamericano era periodista. Les pareció bien y los dejaron ir. Fue un susto mayor. Llegaron a pensar que todo habría podido tener un final trágico.

El final trágico ocurrió tiempo después. Joe Kennedy murió en agosto de 1944 cuando desapareció en una misión aérea.

El asesinato del presidente Kennedy en noviembre de 1963 y el posterior asesinato de Robert en junio de 1968, quien había tomado las banderas de su hermano, crearon un manto de pesar en el mundo entero, pero también un mito que se prolonga hasta nuestros días. Y en España, los hermanos Joaquín y Antonio Garrigues Walker, los hijos de Antonio que alcanzaron notoriedad pública, se convirtieron en una especie de John y Robert Kennedy.

La imaginería social había pintado ya una cuadro americano de los primeros Garrigues, gracias a su relación con clientes de los Estados Unidos y al matrimonio de Antonio con Helen Walker. En Joaquín Garrigues Walker tal imagen se transformó en uno de sus rasgos distintivos. Influenciado por su conocimiento de América, su primera agrupación política se denominó Partido Demócrata, al igual que el movimiento al que perteneció John Kennedy. Aunque luego explicó que el nombre obedecía al histórico Partido Demócrata fundado en 1849 por los liberales radicales españoles, y que en un principio se pensó en bautizar Derecha Democrática, el peso del partido de los Kennedy obró en el bautizo. Era un nombre atractivo, aunque Garrigues jamás compartió la ideología de la organización americana.

Los medios de comunicación no tardaron en referirse al clan Garrigues, en alusión al clan Kennedy. Garrigues Walker se molestaba con la comparación. Hacía daño a su proyección política. La idea de clan parecía denotar un tipo de organización familiar, compacta y cerrada, sin fisuras, con objetivos armonizados, destinada a calar en la estructura social o económica de un país.

Joaquín Garrigues Walker, de un metro setenta y cinco de estatura, era alto para la media española. Cabello rubio y liso, con un mechón de pelo al estilo Kennedy. Esta fisonomía alimentaba el sambenito USA. Vestía de manera elegante. Llevaba trajes perfectamente confeccionados, hechos a medida. En el bolsillo superior de la chaqueta asomaba siempre un pañuelo doblado en triángulo y tenía predilección por las corbatas con motivos marineros. Sus gafas, con marco de concha, hacían juego con su cara cuadrada y le proporcionaban un toque de profesor de universidad americana.

Resultaba atractivo a las mujeres, que solían rodearlo permanentemente. Muchas de ellas estaban dedicadas a apoyarlo y a buscar caminos para entrar en política. «Fueron varias las mujeres que trabajaron con Joaquín Garrigues en sus cortos años de vida pública […] contaba con las mujeres en función de la capacidad e idoneidad para el cargo que pensaba que debían ocupar»[24], señala Soledad Becerril, una de las mujeres más cercanas a él.

Los fines de semana viajaba a su finca de Mazagatos, una pequeña aldea situada en la provincia de Segovia, perteneciente al municipio de Languilla. La finca, en realidad, era una casa de labranza, recientemente restaurada. Joaquín, según los vecinos, solía pasear, recibir visitas y realizar excursiones por los parajes cercanos.

Allí, en los fríos inviernos castellanos, se dejaba ver junto a su esposa Mercedes de Areilza y compañeras de brega, que fumaban *Merit*. Era cuando abandonaba los trajes y se inclinaba por vestir como muchos hombres de esa generación nacida en medio de la guerra: camisa deportiva, jersey de lana, pantalones de pana y un par de zapatos viejos con discreto agujero en una desgastada suela. Un desaliño que no tenía color político. Un desaliño al que no importaba si se militaba en las derechas o en las izquierdas.

La aureola americana de los Garrigues no solo había sido producto de los clientes que frecuentaban el despacho. En 1962, Antonio Garrigues Díaz-Cañabate fue nombrado por Franco embajador ante los Estados Unidos. La familia se trasladó a Washington. En la capital americana, el prestigioso abogado se encargó de aumentar las relaciones profesionales y actuar como anfitrión de la élite norteamericana. Por la embajada pasaron empresarios, abogados, diplomáticos y, por supuesto, los Kennedy. Cuando se vio por primera vez con John, entonces presidente de la nación americana, le contó sobre la amistad que lo había unido a Joe, su hermano mayor. Se hicieron amigos de inmediato. Ayudó a ello el hecho de que Antonio había conocido a la hermana menor de Jackie Kennedy, la esposa del mandatario. «Había una gran relación entre la familia Garrigues y la familia Kennedy. Antonio Garrigues padre tuvo una buena amistad con John Kennedy y Jacqueline Kennedy tuvo una intensa amistad con Antonio Garrigues»[25], cuenta Juan Luis Cebrián.

---

[24] Entrevista con Soledad Becerril, 16 de noviembre de 2022.
[25] Conversación con Juan Luis Cebrián, Madrid, 23 de octubre de 2022.

A partir de ese momento, Antonio era invitado constantemente a la Casa Blanca. Él recordaba cómo Jackie, con su tacto y prudencia, procuraba que las conversaciones fueran más humanas y menos políticas. «Una mujer de extraordinaria inteligencia y sensibilidad. La política no llenaba su compleja personalidad. Y luego, era la mujer de un Kennedy, pero no una Kennedy»[26], apuntó Garrigues.

Antonio solía acompañar al presidente a algunos actos públicos. La última vez que lo vio fue durante una rueda de prensa a la que asistió a solicitud de Kennedy. De camino, Antonio le preguntó qué sentía cuando se iba a presentar ante los periodistas. Obtuvo una respuesta española: «Yo creo que debe de ser muy parecido al estado de ánimo de un torero cuando se dirige a una plaza»[27]. En una oportunidad anterior, ante una serie de críticas, también recurrió al toreo, según cuenta Antonio. Kennedy sacó de la chistera una frase que había tomado del torero Domingo Ortega: «El que sabe lo que hay que hacer con el toro es el que está frente al toro»[28].

La percepción de Antonio sobre su amigo John quedó consagrada en sus memorias: «El presidente Kennedy fue justamente eso: un presidente de verdad. Es decir, un presidente en posesión y en plenitud de su misión histórica. Y no un político, ni propiamente un hombre de Estado, sino un verdadero líder, que es más y que es menos que un hombre de Estado; es otra cosa. Tenía esa fuerza magnética de la que están dotados algunos hombres para mover y conmover a las gentes, para conducirlas a través de terrenos o tiempos difíciles»[29]. Antonio siempre puso ante sus hijos a John Kennedy como un modelo a seguir. «Ha dejado

---

[26] Garrigues y Díaz-Cañabate, Antonio, *Diálogos conmigo mismo*, *op. cit.*, p. 91.
[27] Ibíd., p. 88.
[28] Ibíd., p. 89.
[29] Ibíd., p. 87.

una estela de grandeza, genialidad y de gloria, por mucho tiempo imborrable. Su muerte fue prematura»[30], expresó el padre de los Garrigues Walker.

La noticia del asesinato de Kennedy en Dallas en noviembre de 1963 le llegó a Antonio cuando se encontraba en San Francisco, donde había ido a dictar una conferencia. Fue un terrible golpe. Uno de «los mayores impactos emocionales que he recIbído en mi vida»[31], dijo. Luego fue el asesinato de su hermano Robert en junio de 1968 en Los Ángeles. Garrigues los recordó siempre: «Lo que los Kennedy buscaron fue perfeccionar esas estructuras democráticas, llenarlas de un contenido más hondo y real, humanizarlas hasta el punto de que en ellas se sientan realmente hombres a parte entera los negros y los blancos, los ricos y los pobres, los que allí tienen arraigo de varias generaciones y los nuevos inmigrantes que buscan en aquellas tierras posibilidades y esperanzas de una vida mejor»[32]. Este fue el mensaje que Antonio Garrigues transmitió a sus hijos, a quienes tenía al tanto de la trayectoria política de los Kennedy.

Los dos años de permanencia en Washington de Antonio también sirvieron para apuntalar los vínculos de los Estados Unidos con el régimen franquista. Como embajador, negoció la prórroga de los acuerdos defensivos y se preocupó por que los norteamericanos, especialmente las organizaciones gubernamentales, entendieran el fenómeno español, el régimen franquista, que no era fácil de explicar en un país esencialmente demócrata. Esa era la contradicción que Joaquín veía en su padre. Un hombre admirador de la democracia que trabajaba para un régimen autoritario.

Mientras Antonio cumplía sus actividades diplomáticas en Washington, en Madrid su hermano Joaquín quedó en-

---

[30] Ídem.
[31] Ibíd., p. 26.
[32] Ibíd., p. 91.

cargado del despacho y se empeñaba en que creciera en número de clientes y en prestigio. El propio Joaquín Garrigues Díaz-Cañabate era una autoridad reconocida en derecho mercantil, disciplina sobre la que enseñó como catedrático. Además, escribía con enorme repercusión en los ámbitos jurídicos. Era un jurista a toda prueba que llevó a España a la creación y desarrollo de las sociedades anónimas.

La firma J&A Garrigues, bajo el visillo americanizante de sus clientes, había sido fundada por los hermanos en 1941, que heredaron la vocación por el derecho de su padre, el abogado Joaquín Garrigues Martínez.

El prestigio de la firma se asociaba a un supuesto poderío económico de los Garrigues. Contra esa imagen distorsionada, tuvo que luchar Joaquín Garrigues Walker cuando se inició en la actividad política. A ello se sumaba la relación que los Garrigues tenían con los ricos Rockefeller, aumentada por las invenciones y los rumores. El vínculo era en realidad familiar. Uno de sus hermanos contrajo matrimonio con una sobrina de Nelson Rockefeller. El intermediario de la relación sentimental fue el propio Joaquín. Esto perfilaba aún más su imagen americana y sus supuestos nexos con las familias más poderosas de los Estados Unidos.

Garrigues Walker, para restarle fuerza al también sambenito Rockefeller, contó el origen: «Esta historia es bastante curiosa. Resulta que en Estados Unidos yo conocí, muy poco antes de volver a España, a un señor, cuya mujer es hermana de los Rockefeller. Pero yo eso no lo sabía, porque las mujeres allí pierden el apellido al casarse. El caso es que ese señor me dijo que una hija suya iba a España, y me recomendó que le presentase gente, la acompañase, y esas cosas que se recomiendan cuando la hija de uno se va al otro lado del mundo. Yo le dije que sí, que así lo haría, pero la verdad es que me olvidé del tema. Y algún tiempo después, mi hermano me llamó por teléfono para decirme que había conocido a una chica americana que me conocía. Era ella. Yo le expliqué a mi hermano la historia, y le recomendé que la acompañase, le presentase gente, etc., etc. Y al final resultó que se casaron»[33]. Joaquín quiso bajarle luego el tono al asunto Rockefeller y agregó: «Ahora hace poco que se han separado[34]».

Pero hubo más en la consolidación de la percepción americana y kennedyana de los Garrigues. Tras cursar la carrera de Derecho en la Universidad Complutense de Madrid, y de trabajar como abogado en J&A Garrigues, Joaquín se marchó en 1956 a los Estados Unidos por recomendación de su padre. Quería involucrarse en el mundo de los negocios. Después de unos pocos meses, ingresó al Chase Manhattan Bank de Nueva York. Allí aprendió el funcionamiento de la banca americana. A mediados de 1957, regresó a España. Era ahora un Garrigues formado en los Estados Unidos, que daba pie a la fijación de la elite en esa imagen americana que proyectaba la familia madrileña.

El vínculo con América no se detuvo allí. Mientras estuvo en Nueva York, se enamoró de la hija del embajador de España en Washington. Se trataba de Mercedes Areilza y Churruca, hija de José María de Areilza y Martínez de Rodas, conde consorte de Motrico, y luego ministro durante el primer gobierno de la monarquía. Las habladurías no se hicieron esperar. La gente conversaba sobre un noviazgo principesco que había comenzado en el mítico hotel Waldorf Astoria, sede de las grandes recepciones de los más notables grupos empresariales de la ciudad y lugar de destino de reconocidas figuras del mundo social y económico de los Estados Unidos. En los círculos privados de Madrid, se llegó a comparar a Mercedes Areilza con Jacqueline Kennedy, la mujer de John. Joaquín Garrigues Walker sentía en 1976 que todas estas historias caían encima de él como

---

[33] Pi, Ramón, *Joaquín Garrigues Walker, Perfil humano y político, op. cit.*, p. 36.
[34] Ibíd., p. 37.

una pesada losa en su carrera política. Porque los Estados Unidos no eran del gusto de la mayoría de los españoles.

La política americana veía en el franquismo una favorable dictadura anticomunista, en momentos en que esa ideología constituía una amenaza a sus intereses geoestratégicos. Aunque con el paso del tiempo, en especial desde 1945, los funcionarios diplomáticos de los Estados Unidos manifestaban en privado la necesidad de que Franco abandonara el poder, las relaciones entre los dos países tomaron un cauce de aceptación y normalidad. «Así pues, de manera progresiva, a ojos de los norteamericanos, la condición esencial para que España no se adentrara una vez más en su historia por la senda de la inestabilidad política, de la violencia, y de la confrontación fratricida, comenzaría a dejar de fijarse en la inmediata salida de Franco del poder, para ir situándose justamente en su contrario: en su permanencia en él, tanto a corto como a medio e incluso largo plazo»[35].

El pueblo español no olvidaba que Franco había autorizado, en 1948, que los militares norteamericanos destacados en Europa y sus familias pudiesen entrar en España sin pasaporte. Estaba claro que el Pentágono entendía que España era un aliado estratégico contra el comunismo. La instalación de bases militares de los Estados Unidos en territorio español sobrevendría luego. En noviembre de 1955, tras una entrevista del dictador con el secretario de Estado estadounidense, Foster Dulles, España fue admitida en Naciones Unidas. En 1959, el presidente Dwight Eisenhower visitó el país. El gobierno de los Estados Unidos le lavaba la cara al régimen franquista.

Para Joaquín Garrigues Walker ello suponía otra tremenda tensión interna. Como se dijo, pertenecía a una generación que vivió incómodamente el respaldo americano al franquismo, mientras su padre le aceptaba al dictador la

---

[35] Ferrary, Álvaro, «Los Estados Unidos y el régimen de Franco, 1945-1973», en *Memoria y civilización*, Número 21, Pamplona, 2018, p. 293.

embajada en los Estados Unidos. Esto era lo que retenían en mente los políticos y algunos sectores modernizantes de las élites españoles, que abrigaban un nuevo modelo de Estado tras la muerte del general. Los Kennedy españoles, mientras tanto, iban y venían. Y Garrigues Walker intentaba en vano atajar el paralelismo: «La imagen que también circula por ahí de que los Garrigues somos un clan a lo Kennedy tampoco corresponde a la realidad»[36].

Su padre también lo quiso explicar. Sostenía que el llamado «clan Garrigues» nada tenía que ver con el «clan Kennedy» en un sentido: los Garrigues no son una casta cerrada, con unidad de pensamiento y actuación dirigida. «Cada uno de los miembros del, por así decirlo, «clan Garrigues», tiene su libertad, su independencia y su personalidad propia»[37]. Pero la percepción social no llegaba a tanto detalle y asumía la semejanza entre los dos grupos familiares.

---

[36] Pi, Ramón, Joaquín Garrigues Walker, *Perfil humano y político, op. cit.*, p. 32.

[37] Garrigues y Díaz-Cañabate, Antonio, *Diálogos conmigo mismo, op. cit.*, p. 29.

Ramón Pi, *Joaquín Garrigues Walker, Perfil humano y político,* Unión Editorial, Madrid 1979.

El espíritu de Aravaca

La imagen pública de Joaquín Garrigues Walker sufrió un tropezón adicional cuando su padre fue nombrado en 1975 ministro de Justicia, por el presidente Carlos Arias Navarro, durante el recién estrenado primer gobierno de la monarquía de Juan Carlos I. El gobierno era aún una prolongación del franquismo y así era visto por la opinión pública. Arias Navarro representaba el pasado y Garrigues era una figura coetánea de ese pasado. Dos años más tarde, la tensión quedó reflejada en sus palabras: «Políticamente mi padre y yo no hemos estado casi nunca de acuerdo en algunas cuestiones importantes como, por ejemplo, la de colaborar directamente con el franquismo. Cuando mi padre fue nombrado ministro del primer gobierno de la monarquía, las diferencias de criterio se pusieron clarísimamente de manifiesto. Algunas personas gastaban bromas sobre la situación de que el padre fuese ministro y el hijo estuviera en la oposición, pero la realidad es que las cosas eran así»[38].

Joaquín Garrigues tuvo que lidiar con la situación, que lo afectó políticamente. Llegó a restarle cierta credibilidad y a recibir golpes por la espalda de quienes eran sus compañeros en la brega por el poder. Era una realidad compleja: ejercer la oposición al franquismo, mientras su padre estaba

---

[38] Pi, Ramón, *Joaquín Garrigues Walker, Perfil humano y político, op. cit.*, p. 34.

en el franquismo. La mayor molestia para Joaquín consistía en no entenderlo a él. Su padre era un liberal y, sin embargo, apoyaba al franquismo. Y, además, era un franquismo que durante cuarenta años se había encargado de atacar el liberalismo. Años después, con ese sinsabor en la boca, Garrigues Walker sostenía «que un liberal no puede reprimirse hasta el punto de colaborar con una dictadura»[39]. Tenía en mente que «un liberal tiene que empezar por ser demócrata»[40].

No menos tensionante resultó el nombramiento de su suegro José María de Areilza como ministro de Asuntos Exteriores, también durante el gobierno de Arias Navarro. Areilza contaba con un pasado franquista inocultable y, además, había sido embajador del general en Argentina, los Estados Unidos y Francia. En los últimos años, sin embargo, había buscado desvincularse del régimen. De hecho, había sido célebre su artículo *La vía española hacia la democracia*, publicado en 1970 por *ABC*, donde demandaba un modelo político semejante al de los países europeos. Ese escrito le había merecido la crítica de los franquistas, entre ellos el de Ginés de Buitrago, que lo calificaba despectivamente de demoliberal y de no reconocer el daño que el liberalismo y la democracia habían causado a España en tiempos anteriores. El nombramiento de Areilza pareció al principio un salto hacia atrás. Garrigues Walker encajó el episodio con tranquilidad, pero sabía que le restaba puntos ante el público y sus adversarios políticos. El asunto estaba claro: el rey se había empeñado en que Garrigues y Areilza fueran ministros. Su hijo y yerno lo sabía y no pensaba enfrentarse a ellos públicamente.

La situación en casa, por otro lado, no era nada fácil. Amaba a su mujer, con quien había concebido cinco hijos, pero Mercedes Areilza iba más allá en el tema ideológico.

---

[39] Garrigues Walker, Joaquín, «Un liberal reprimido», *El País*, 10 de noviembre de 1976.

[40] Ibíd.

Ni franquista ni liberal. Se inclinaba por el socialismo. Se situaba en las antípodas de su padre y de su marido.

Ello no obstó para respaldarlo públicamente. Había sido anfitriona dos años antes de una cena, organizada por Joaquín, en la casa de la calle Arjona en Aravaca. Asistieron treinta políticos, pertenecientes a diferentes tendencias políticas, entre ellos Ramón Tamames, miembro del Comité Central del Partido Comunista. La cena, de tintes clandestinos, celebrada en 1974, estuvo marcada por el diálogo, por la libertad de opinión y, para Garrigues, supuso claramente que existía suficiente fuerza para superar en un inmediato futuro la larga etapa del franquismo. Meses más tarde moría el dictador. Los invitados de Joaquín confirmaron la posibilidad de hacer efectivo un cambio en la sociedad y en el modelo de Estado. El encuentro en la casa de los Garrigues-Areilza, situada a pocos kilómetros de Madrid, se conoció posteriormente. La experiencia fue bautizada por un periodista franquista como el «Espíritu de Aravaca». Sin duda, la convivencia pacífica vivida durante esas horas fue un anticipo de lo que luego sería la Transición.

En ese año de 1974 fue cuando tomó cuerpo la vocación pública y política de Joaquín Garrigues Walker. Desde 1962, como se ha dicho, la había descubierto a raíz del nombramiento de su padre como embajador ante el gobierno americano. Estaba convencido de que la política sería su oficio en el futuro, pero desde otra perspectiva. No dentro del franquismo, sino en oposición al franquismo y desde la ideología liberal. En su mente estaba, además, el congreso del Movimiento Europeo de 1962, auspiciado en Múnich por Salvador de Madariaga, quien había llegado a ser presidente de la Internacional Liberal. Al encuentro había asistido el liberal y monárquico Joaquín Satrústegui y allí se abogó por la instauración de la democracia en España. Pero, mientras le llegaba el momento, Joaquín decidió dedicarse a los negocios, aunque sin demasiado apego. Lo entendió como un paso interino. Su proyecto vital era otro:

la política. Lo había descubierto y lo desarrollaría cuando las circunstancias le resultaran favorables.

Fue así como tomó la decisión de desvincularse del despacho de su padre y de su tío para organizar una empresa financiera, que obtuvo relativo éxito en los posteriores años. Garrigues Walker era un creador nato. Esa era una de peculiaridades. Y su idea inicial se materializó aventajadamente. La empresa se afamó con los años. Cuando tomó el camino de la política tiempo después, la gente pensó que Joaquín Garrigues Walker era un hombre rico. «Yo creo que la fama de ser poco menos que multimillonario la debo a esa etapa de mi vida»[41].

Fue otro inconveniente para su imagen pública. Los políticos de su generación no eran hombres que nadaban en la abundancia. En 1977 se defendió: «Debo decir que la fama no se parece demasiado a la realidad. Lo que ocurre es que los trabajos de alto ejecutivo, que es lo que yo era, están muy bien retribuidos, y además se juega con recursos ajenos abundantes. Yo, junto con las personas que me acompañaron en esta época, me dediqué a algunas operaciones de más o menos monta, pero que creo que, en general, han rendido un buen servicio a la comunidad»[42]. Esa imagen lo asoció de nuevo a los Kennedy. También ellos eran multimillonarios.

La actividad como financiero no era la meta de su vida, según explicó tras abandonar los negocios en 1974 para incorporarse a la actividad política. Había ahorrado lo suficiente para emprenderla. Y estrenó su verdadera vocación en Barcelona, en el Colegio de Economistas, donde planteó la necesidad de limitar la intervención del Estado y fortalecer el desarrollo de la iniciativa privada. Se insinuó como el hombre liberal que podría llevar adelante un programa de esa naturaleza.

---

[41] Pi, Ramón, Joaquín Garrigues Walker, *Perfil humano y político*, *op. cit.*, p. 35.

[42] Ídem.

Un profesional de la política

A partir de ese momento, Garrigues se empeñó en dar estructura partidista al conjunto de ideas liberales que había mascullado durante más de doce años. Convencido de que la irrigación ideológica debería alcanzar a toda la geografía nacional, optó por una estrategia federal. El punto de partida serían los partidos demócratas, llamados a crearse en cada rincón de España. No habría un Partido Demócrata, sino varios partidos demócratas. Tenía claro que, muerto Franco, sobrevendrían unas elecciones democráticas y el pensamiento liberal debería contar con una maquinaria electoral que le permitiera participar exitosamente en ellas.

Los primeros contactos lo llevaron hasta Joaquín Muñoz y Francisco Burguera, de Valencia; Antonio Fontán, de Sevilla; Gabriel Navarro, de Cádiz; y Ramón Pais, de Santiago de Compostela. Era el equipo con el que consolidó la organización en el segundo semestre de 1974. Al año siguiente, en 1975, se sumaron figuras de otras regiones de territorio español, entre ellas, José Vallejo-Nájera; José Antonio Ramírez Escudero y Enrique Gaytán Ayala, del País Vasco; y luego, por Cataluña, José María Figueras y Jorge Trías Sagnier.

Esos nombres representaban la base política necesaria para Garrigues. En junio de 1975, sus miembros aprobaron un ideario que, convenido con Joaquín, contó con la intervención de Miguel Herrero de Miñón, escrito «una madrugada en mi Olympia portátil»[43], según contó él mismo. Garrigues, además, quiso atraer a la juventud y, con la ayuda de Gustavo Villapalos, organizó el Partido Universitario Independiente. Después aparecieron nuevos personajes que le brindaron su apoyo, como Eduardo Merigó, y, especialmente, Julio Pascual, que luego se convertiría en una figura muy cercana al joven político.

Con su creatividad en marcha, decidió constituir las llamadas Sociedades de Estudios Libra, sociedades anónimas encargadas de legitimar la acción política. Para Garrigues, la vía política no tenía sentido sin contenido ideológico y bases científicas. En el verano de 1975, daba cuenta de seis sociedades de estudio. Tenían el objeto de realizar trabajos sociopolíticos y económicos, que establecieran las pautas para homologar las instituciones españolas con las de los demás países europeos. Además, se buscaba con ellas proponer reformas para fijar los alcances de la política fiscal y presupuestaria y prever los cambios necesarios para asegurar que el país se orientara por la economía de mercado.

Garrigues, temeroso de su imagen plutocrática y debido a su paso por el mundo financiero, marcó distancia con los grupos económicos y aclaró que «Las Sociedades de Estudios Libra no se crean en defensa de los intereses de grupos económicos o financieros, sino que están inspiradas por el propósito de encontrar soluciones que sean aceptables para el sector cada vez más amplio de las clases medias»[44]. Las clases medias eran su principal objetivo de seducción. «Garrigues tenía y cultivaba un tipo de atractivo personal que era su mejor plataforma política»[45], expresó Herrero de Miñón, que asistía a las reuniones convocadas por Joaquín, aunque nunca formó parte de su futuro partido político.

---

[43] Herrero de Miñón, Miguel, *Memorias de estío*, Madrid, 1993, p. 57.
[44] Federación de Partidos Demócratas y Liberales, *Partido Demócrata*, Madrid, 1977, p. 23.
[45] Herrero de Miñón, Miguel, *Memorias de estío, op. cit.*, p. 57.

La labor no encontraba rivales hasta que se constituyó FEDISA en 1975, compuesta por figuras del régimen franquista, interesadas en reformar las instituciones del Estado. FEDISA invitó a Garrigues a trabajar conjuntamente, pero, tras evaluar la propuesta, la rechazó. «Las actitudes políticas —sin prejuzgar con ello la licitud de sus intenciones— de algunos de los promotores de Fedisa no eran, en nuestro criterio, categóricamente democráticas»[46].

FEDISA, que tuvo muy corta duración, nació en 1975 con carácter centrista, y de él formaron parte José Luis Álvarez Álvarez, demócrata cristiano; Pío Cabanillas, de tendencia liberal; Francisco Fernández Ordóñez, social demócrata; y Marcelino Oreja y Leopoldo Calvo Sotelo, demócratas cristianos. No fue fácil para Garrigues negarse a participar en la plataforma política que se le proponía. Una de las figuras destacadas de esa nueva organización era su suegro José María de Areilza. Fue un inesperado tropezón, que el yerno afrontó con flemática calma. FEDISA, por otra parte, fue considerada como un ejemplo de traición y oportunismo por el sector más recalcitrante del falangismo, que desde entonces apuntaba cargas de odio contra la figura de Areilza.

Las Sociedades de Estudios Libra actuaban como instrumentos técnicos al servicio de los partidos demócratas. Luego editaron los cuadernos Libra, donde se condensaba el pensamiento de sus principales figuras. Estos cuadernos, que alcanzaron una comedida reputación, circularon ampliamente bajo el sello de Unión Editorial, S.A. Se llegaron a constituir doce agrupaciones de esta naturaleza a lo largo y ancho del país.

La historia se remonta a la Constitución de 1837. Se trató de un esfuerzo por conciliar orden y libertad, pero en la práctica no pareció lograrse ni lo uno ni lo otro. Los progre-

---

[46] Federación de Partidos Demócratas y Liberales, *Partido Demócrata*, *op. cit.*, p. 26.

sistas iniciaron su propio camino y enarbolaron la bandera de la igualdad y la de una libertad que defendían con la misma reciedumbre. Tomaban partido por las clases medias, una iniciativa que calaba fuertemente en Garrigues. Ese progresismo fue una reacción a la alianza conservadora entre los propios moderados y la Corona. Una reacción contra el llamado moderantismo.

En efecto, en abril de 1849 surgió una nueva formación política, escisión del Partido Progresista, profundamente liberal, que tuvo varias denominaciones: Partido Democrático, Partido Demócrata o Partido Progresista Demócrata.

Según el nuevo Partido Demócrata, que tomó vida entre 1974 y 1975 por iniciativa de Joaquín Garrigues, se asumía la herencia histórica del «nuevo liberalismo del Partido Demócrata»[47] de mitad del siglo XIX, que «durante el bienio progresista (1854-1856) constituye abiertamente una posición renovadora autónoma»[48]. En realidad, se trataba del Partido Progresista, de férreo talante liberal, surgido hacia 1835 durante la Regencia de María Cristina de Borbón, que gobernó dos años, entre 1854 y1856, bajo la jefatura del general Baldomero Espartero.

El Partido Progresista, durante el llamado Bienio Progresista, defendió abiertamente los intereses de la clase media ascendente, que como ya se ha dicho fue obsesión permanente en Garrigues, en contra de la posición moderada, constituida por una minoría conservadora, defensora del *status quo*. Pero Joaquín simpatizaba más con el nombre de Partido Demócrata que con el de Partido Progresista.

El nuevo partido se proyectó como liberal, democrático, social, regional, nacional y europeísta. Su defensa de la democracia era fundamental para Joaquín. Era el punto de partida. «Es democrático porque considera que la forma de Estado debe ser decidida libremente por los españoles

---

[47] Ibíd., p. 38.
[48] Ídem.

en el ejercicio de su soberanía»[49] y porque aspira a «un régimen político basado en los siguientes principios: sufragio universal, igual, directo y secreto; pluralidad de partidos políticos, con aceptación de todos aquellos que respeten en su organización interna y en su programa el pluralismo democrático y la legalidad constitucional»[50].

La idea de Garrigues era congregar los partidos demócratas creados en el orden nacional bajo un paraguas que los cobijara a todos y fuese el medio de participar activamente en política en los años siguientes. Se constituyó así la Federación de Partidos Demócratas y Liberales, que él presidió desde el principio. Era la sumatoria de los partidos demócratas de Andalucía, Baleares, Canarias, Castilla y León, Extremadura, Galicia, Murcia, Navarra, Valencia, Cataluña y País Vasco, que ostentaban otros nombres. «Me adscribí al Partido Demócrata y Liberal que él fundó y trabajé con varios grupos de andaluces para divulgar nuestro ideario liberal. Admiré la entrega y dedicación de Joaquín»[51], recuerda Soledad Becerril, al rememorar la creación de la Federación.

La organización de la Federación de Partidos Demócratas y Liberales —FPDL— era compleja, con diferentes instancias y varios órganos de gobierno. Era clara expresión del pensamiento de Garrigues Walker, que enviaba un mensaje práctico a sus eventuales electores y una crítica a la estructura franquista aún existente:

> Los hombres de gobierno —y nosotros cumpliremos esta consigna, que es un dogma en la Federación— deben reducir —y no ampliar— su nivel de protagonismo y de actuación en la vida pública. No son los ministros económicos los que impulsan la economía, sino los empresarios y trabajadores. No

---

[49] Ibíd., p. 55.
[50] Ídem.
[51] Entrevista con Soledad Becerril, 16 de noviembre de 2022.

es el ministro de Educación quien aumenta nuestra cultura, sino los maestros, profesores, literatos y escritores. No es el ministro de Información —cargo que debe olvidarse— quien debe decidir lo que podemos leer y los espectáculos que podemos presenciar. No es el ministro de la Gobernación quien debe autorizar o prohibir los actos y manifestaciones públicas. Todas esas funciones nos corresponden a nosotros como individuos y a todos juntos en colectividad[52].

Todo lo que ocurría en España llamaba la atención de Europa. Los grupos liberales la captaron especialmente de Alemania. Desde principios de 1976, los alemanes decidieron establecer formalmente relaciones con Joaquín Garrigues Walker, de la Sociedad de Estudios Libra y Partido Demócrata; Enrique Larroque, del Partido Liberal; Ignacio Camuñas, del Partido Demócrata Popular; Ramón Trías Fargas, de Esquerra Democrática de Catalunya; y, por poco tiempo, con Francisco Fernández Ordóñez, que luego pasó a ser social demócrata. El contacto alemán provenía de la fundación Friedrich-Naumann-Stiftung (FNS), vinculada al partido liberal alemán Freie Demokratische Partei (FDP).

Para este Partido alemán era «una obligación de Europa Occidental facilitar la construcción de estructuras democráticas en los países que salían de regímenes dictatoriales [...] y poner a su disposición los medios necesarios para construir un partido político liberal, capaz de competir en la arena política española»[53]. El partido alemán y su fundación, sin embargo, se encontraron con la dispersión liberal, con sus estructuras débiles y de difícil entendimiento entre los diferentes grupos. No obstante, la fundación —FNS— puso en marcha diversos programas de formación política

---

[52] Federación de Partidos Demócratas y Liberales, *Partido Demócrata, op. cit.*, p. 41.
[53] Ibíd. p.334.

y organización, mediante seminarios celebrados en España y Alemania. Sus representantes tuvieron reuniones con los líderes liberales del país, a las que se sumó Joaquín Satrústegui, de Unión Española.

Durante ellas, se planteó la necesidad de un liberalismo unido, casi un prerrequisito para continuar con la ayuda alemana. Era prácticamente imposible. Con enorme esfuerzo, sobre todo por parte de Joaquín Garrigues Walker, se llegó al fin a la creación de Alianza Liberal, que unía a los diversos grupos, pero sin fusionarlos en un solo partido.

*En típica pose, con las piernas cruzadas
y un cigarrillo ente sus dedos.*

Suárez teje la red

Como señala Santos Julia, «la de 1976 era una sociedad en movimiento, caracterizada por la presencia de cientos de actores a la búsqueda de un espacio propio en el que se cruzaban, enfrentaban o coligaban gentes de varias generaciones, con muy diversas biografías políticas, cargadas de experiencia de poder y de oposición, sobre un fondo de crisis política, de fin de régimen, agudizada por el evidente fin del ciclo de desarrollo económico que vino a coincidir con la subida del precio del petróleo y el inicio de una galopante inflación»[54]. En ese entorno, Joaquín buscaba abrirse un espacio, a sabiendas de que estaba en desventaja frente a quienes tenían experiencia en el ejercicio del poder, obtenida mediante su antigua inserción en el aparato franquista, o en la oposición, conseguida sobre todo en la práctica cotidiana del exilio beligerante.

Tras la puesta en marcha de la Federación, Garrigues presionaba a favor de cambios inmediatos en España. Veía insostenible y crítica la situación política y económica. Solamente en Madrid 320.000 trabajadores llegaron a la huelga a comienzos de año. En abril de 1976, la Federación manifestó que todo esto era el resultado de «un régimen político que ha demostrado su incapacidad para hacer frente al reto

---

[54] Juliá, Santos, *Transición, Historia de una política española (1937-2017)*, Barcelona, 2018, p. 349.

de un país plural y diverso»[55]. Era una evidente alusión al mandato de Arias Navarro.

Nada indicaba que este gobierno fuese capaz de emprender las reformas necesarias. Aquello que desde 1974 fue llamado la apertura política no daba señales contundentes. Los inmovilistas jalonaban las claves de la parálisis, desde el búnker, dispuestos a no perder las cuotas de poder que habían conseguido en los altos cargos ocupados en las instituciones del régimen franquista. Aún regían las llamadas Leyes Fundamentales, expedidas por el régimen franquista y Garrigues alertaba sobre la imposibilidad de que ese gobierno, por sí solo, pudiese abrir el camino hacia la democracia.

Carlos Arias Navarro, que durante el régimen había ocupado el ministerio del Interior y desató una política represiva entre 1957 y 1965 cuando era director general de Seguridad, fue el presidente del primer gobierno de la Corona. Pero el mando efectivo estaba en manos de Manuel Fraga Iribarne, vicepresidente para Asuntos del Interior y ministro de la Gobernación. Su pasado franquista pesaba demasiado en él, a pesar de que pretendía mostrarse como un partidario de la vía de la reforma. Su posición radical y agresiva desató un periodo de alta conflictividad social. La polarización era notable y tendía a aumentar día a día. Arias Navarro y Fraga optaban por institucionalizar el franquismo heredado, mediante la agrupación de los sectores favorables a él, y llevar un posible cambio solo a través de la vía legal.

Ambos confiaban en que así fuera. Conocían a fondo el régimen, sus entramados y sus figuras. Les resultaba familiar el funcionamiento de la Jefatura del Estado, el Consejo del Reino, las Cortes, el Consejo Nacional del Movimiento y cada nivel del aparato franquista. Pero esto, en vez de tran-

---

[55] Federación de Partidos Demócratas y Liberales, *Partido Demócrata, op. cit.*, p. 87.

quilizar a los sectores de la oposición, aumentaba el desafío. La poderosa estructura del régimen volcaba su gente a la arena política, a la defensa de los valores pasados. Estaban los antiguos combatientes de la Guerra Civil, cuya figura más destacada era José Antonio Girón, exministro de Trabajo. Estaban los tecnócratas, comandados por Laureano López Rodó, que ejercieron el poder efectivo entre finales de la década del 60 y principios de la del 70. Y estaban los llamados aperturistas, liderados por el propio Fraga, que apostaban por una reforma continuista y a quienes unía el odio hacia los comunistas.

Fraga había hecho el recorrido completo por el aparato franquista. Antiguo militante de la Falange, llegó a ser ministro, embajador y consejero nacional designado por Franco. Pero era un hombre astuto y, cuando captó que la situación podría cambiar en el futuro, mostró cierto distanciamiento hacia el franquismo radical. Como consecuencia, participó en 1975 en la creación de FEDISA (Federación de Estudios Independientes, S.A.), junto a Areilza y Pío Cabanillas, partidaria de la democracia, pero a través de las reformas y no por vía de una tajante ruptura.

El primer gobierno de la Corona, formado el 11 de diciembre de 1975, fue, pues, el resultado de una sumatoria de las fuerzas franquistas aún frescas. Al lado de Fraga, estuvieron los aperturistas José María Areilza, ministro de Asuntos Exteriores, Antonio Garrigues Díaz-Cañabate, ministro de Justicia, y Carlos Robles Piquer, cuñado de Fraga, y ministro de Educación y Ciencia, entre otros. Areilza y Garrigues, consuegros, enarbolaban la bandera monárquica. Los reformistas aportaron a Rodolfo Martín Villa, ministro de Relaciones Sindicales y a Adolfo Suárez, ministro secretario del Movimiento. La Asociación Católica Nacional de Propagandistas (ACNdP) situó a Alfonso Osorio. Los tecnócratas estuvieron representados por Juan Miguel Villar Mir, ministro de Hacienda y Leopoldo Calvo Sotelo, ministro de Comercio, mientras los militares llevaron al gobierno, entre otros, a Fernando Santiago y Díaz de Mendívil, vicepresidente de la Defensa, Félix Álvarez-Arenas, ministro del Ejército y Gabriel Pita de Veiga, al mando de la Marina.

Fraga, rápidamente, tomó la batuta. Para la oposición, el político gallego no era ninguna novedad. Lo vinculaban al estrecho franquismo. Pronto impuso una política severa del orden público, apoyado por Arias Navarro, que había optado por el inmovilismo. Al mismo tiempo, el político gallego trataba de convencer a los demás miembros del gobierno de sacar adelante una reforma que no toleraría a los violentos, a los separatistas y a los comunistas, todos ellos de esencia terrorista.

Joaquín Garrigues Walker apuntaba más lejos. El gobierno «tiene que abrir un proceso constituyente. Yo pienso que si lo hace de verdad pone en peligro a corto plazo su propia supervivencia. Pero quizás logre así salvar esta etapa de transición y con ella al Estado. Y si no lo hace de verdad, tendrá que dar marcha atrás en seguida y desencadenar la violencia desde el poder para intentar sobrevivir y defender con uñas y dientes las instituciones del Estado del 18 de julio»[56]. No se equivocaba. De alguna forma, Fraga así se lo propuso con las medidas que tomaba desde el gobierno.

Cada ministro hacía lo que le parecía, mientras el panorama se cubría de huelgas y movilizaciones de todo tipo. El punto más álgido ocurrió el 2 de marzo de 1976, en Vitoria, cuando fallecieron tres trabajadores en enfrentamientos con la fuerza pública. Luego Fraga dio la orden de detener a Marcelino Camacho, a Ramón Tamames y a otros líderes contrarios al gobierno, pertenecientes a la Platajunta, una organización de la oposición. Areilza no dudó en apuntar

---

[56] Pi, Ramón, *Joaquín Garrigues Walker, Perfil humano y político*, *op. cit.*, p. 86.

más tarde: «Fraga también es de los que creen que Franco está vivo todavía»[57].

El 29 de mayo de 1976, sin embargo, Fraga, apoyado en la presentación por Adolfo Suárez, su mano derecha, logró que las Cortes aprobaran una ley que permitía constituir asociaciones políticas. Ello exigía una reforma del Código Penal. El Movimiento Nacional, que era el mecanismo político por excelencia del franquismo, se impuso y evitó los cambios en la legislación penal, que castigaba duramente los delitos políticos. El gobierno tuvo que retirar el proyecto de reforma de los artículos del Código. El régimen no cedía.

La oposición veía un camino de marcha atrás en el proceso de establecer la democracia. Joaquín Garrigues Walker tenía claro que había que salir de Fraga: «El proceso democrático no se puede hacer sin pactar [pues] la operación Fraga no nos conduce a la democracia»[58]. El ambiente estaba caldeado, se temía una confrontación de consecuencias imprevisibles y la polarización política estaba a la vuelta de la esquina. Su suegro, ya caracterizado como reformista entre el conjunto de ministros, pedía un pacto nacional entre gobierno y oposición y un compromiso en el que «la monarquía abre el juego y los representantes de las fuerzas políticas deben aceptar ese juego»[59]. «Hoy eso es posible»[60], dijo Areilza. Pero en realidad no lo fue en ese momento.

La Federación, orientada por Garrigues Walker, pedía a gritos el nombramiento de un nuevo gobierno «con suficiente credibilidad ante las fuerzas políticas y sindicales del país para que, en colaboración con ellas, se elabore un

---

[57] Huneeus, Carlos, *La Unión de Centro Democrático y la transición a la democracia en España*, Madrid, 1985, p. 71.

[58] Ibíd., p. 74.

[59] Juliá, Santos, *Transición, Historia de una política española (1937-2017)*, *op. cit.*, p. 355.

[60] Ibíd.

proyecto de Constitución y de ley electoral»[61]. Reclamaba, a su vez, un referéndum y la convocatoria a elecciones generales.

Los demás partidos de la oposición, asentados en la Junta y la Plataforma, llegaron a un acuerdo en marzo para fundirse en la Coordinación Democrática, conocida como Platajunta. Garrigues había sido tentado con anterioridad por las dos organizaciones para formar parte de ellas, pero no aceptó la invitación porque no compartía sus ideas.

La Junta Democrática había sido creada en 1974 por partidos políticos, sindicatos y otras organizaciones de izquierda contrarias al régimen franquista. Pedía el retorno de los exiliados políticos, la autonomía de las regiones españolas y la convocatoria de elecciones generales. En la Junta participaban el Partido Comunista de España (PCE), Comisiones Obreras (CC.OO.), el Partido Socialista Popular (PSP), el Partido del Trabajo de España (PTE), Alianza Socialista de Andalucía (ASA), el Partido Carlista y Justicia, además de algunos grupos monárquicos partidarios de Juan de Borbón, padre de Juan Carlos I.

La Plataforma de Convergencia, también de izquierda, se creó en junio de 1975. Se oponía al franquismo y estuvo constituida, entre otros, por el Partido Socialista Obrero Español (PSOE), el Movimiento Comunista de España (MCE), Izquierda Democrática, la Organización Revolucionaria de Trabajadores (ORT), y la Unión General de Trabajadores (UGT), y a la que también pertenecieron algunos democristianos y socialdemócratas. En marzo de 1976, se fusionó esta con la Junta Democrática, lo que dio nacimiento a Coordinación Democrática, de tono rupturista o partidaria de una «ruptura pactada», como la definió el Partido Comunista.

---

[61] Federación de Partidos Demócratas y Liberales, *Partido Demócrata*, *op. cit.*, p. 90.

Garrigues no tenía ninguna duda. De manera permanente les comunicó su negativa a formar parte de ellas, pero solía manifestarles su apoyo a expresarse libremente. Al referirse a las invitaciones de esos sectores políticos, apuntó de manera contundente: «Considero que va contra nuestra propia naturaleza el establecer pactos o alianzas con grupos o partidos que propugnan un orden político, económico y social diametralmente opuesto al que propugnamos nosotros»[62]. Garrigues persistía en mantener su independencia política, también frente a la nueva organización. Se le invitó de nuevo, pero se negó otra vez. No aceptaba jugar en el mismo equipo donde había movimientos de extrema izquierda que incitaban a métodos violentos para obtener el poder.

Coordinación Democrática, por lo demás, exigía una amnistía, el ejercicio de los derechos humanos y las libertades políticas. De sus exigencias, nació la expresión «ruptura pactada», que, según el historiador Santos Juliá, «significó en su origen, aceptación implícita de la Monarquía como situación de hecho; confirmación definitiva de la renuncia al Gobierno provisional, sustituido por una amplia coalición en el que no se excluya la presencia de grupos procedentes del régimen; legalización de todos los partidos políticos, sin excepción (lo que quería decir, sin excepción de los comunistas); convocatoria de elecciones generales y apertura de un proceso constituyente»[63].

Fraga conoció el borrador final del acuerdo entre las dos organizaciones de la oposición y no dudo en exclamar ante Areilza: «¡Se acabó la tolerancia, se acabó autorizar reuniones y congresos!»[64]. Ordenó la detención de varios firman-

---

[62] Pi, Ramón, *Joaquín Garrigues Walker, Perfil humano y político*, *op. cit.*, p. 40.
[63] Juliá, Santos, *Transición, Historia de una política española (1937-2017)*, *op. cit.*, p. 361.
[64] Ibíd.

tes de la declaración. El ministro de Asuntos Exteriores también se disgustó y lamentó que el PSOE favoreciera la inclusión del Partido Comunista. Su líder, Santiago Carrillo, mientras tanto afirmaba que España «está sufriendo ya las consecuencias de una Monarquía que es un legado de Franco, igual que las Cortes, el Consejo Nacional, el Consejo del Reino, y las Leyes Fundamentales. O el rey tiene un gesto de valor y rompe el búnker desde dentro o seguirá integrado en él y correrá su suerte»[65].

En vez de asumir la responsabilidad de sus desaciertos, Fraga tomó el camino del avestruz y se marchó al extranjero. Sin calcular lo que ello significaba, le trasladó la solución de la problemática a Adolfo Suárez, ministro secretario del Movimiento. Suárez, con un caracterizado olfato para ascender, se tomó la designación como una oportunidad política y asumió fríamente en el control de la situación: sacó de la calle a las fuerzas de orden público y frenó la espiral de violencia. Había nacido un nuevo liderazgo en el escenario nacional.

Los empresarios también invocaban un cambio inmediato. Ramón Trías Fargas, vinculado a los sectores económicos de Cataluña, expresó el 11 de abril de 1976: «En la situación actual, es difícil que haya libertad, autoridad, ni, desde luego, estabilidad. Hay que salir de esta situación cuanto antes»[66]. Suárez tomó nota de ello, mientras el rey se fijaba en sus actuaciones.

Ya el monarca, desde el Congreso de los Estados Unidos, no dudó en manifestar sus enormes expectativas sobre el futuro del país: «La Monarquía hará que, bajo los principios de la democracia, se mantengan en España la paz social y la estabilidad política, a la vez que asegure el acceso

---

[65] Ibíd., p. 363.

[66] Huneeus, Carlos, *La Unión de Centro Democrático y la transición a la democracia en España, op. cit.*, p. 76.

ordenado al poder de las distintas alternativas de Gobierno, según los deseos del pueblo libremente expresados»[67].

Las palabras del monarca fueron tranquilizadoras en los Estados Unidos. Un mes antes la duda marcaba el tono de su representante en España. El embajador Wells Stabler opinaba que el proceso de cambio «no tenía garantizado el éxito; que la situación se desenvolvía entre presiones de doble filo —en la extrema derecha y en la izquierda— y explicaba, además, que el proceso arrancaba de una contradicción inherente, al pedir que las instituciones del franquismo se transformaran por sí mismas en algo muy diferente, una contradicción, cuya resolución se presentaba problemática, y advertía que, en cualquier momento, las circunstancias —crisis económica, movilizaciones, terrorismo, intervención militar— podían dar al traste con el invento»[68].

Por entonces, se produjo la fuga de 29 presos en Segovia, entre ellos 24 pertenecientes a ETA, motivada por la cantidad de convictos que ocupaban las prisiones españolas. Las cárceles estaban a reventar. La prensa responsabilizó del episodio a Antonio Garrigues Díaz-Cañabate, ministro de Justicia. *Le Monde* bautizó la fuga como la «gran evasión». El exministro Juan Antonio Ortega Díaz-Ambrona contó que los medios de comunicación quisieron acorralar al responsable de Justicia. Con el ingenioso humor de los Garrigues, este les dijo a los periodistas: «Señores, el ministro de Justicia es el notario mayor del Reino, pero no el carcelero mayor del Reino»[69].

La figura de Suárez era desconocida. Poco se sabía públicamente de él. En el barrio de Salamanca de Madrid, se preguntaron si el hombre había estudiado en el Colegio del

[67] Ibíd., p. 68.

[68] Lemus López, Encarnación, «*Made in Spain*, de la autocomplacencia a la crisis», en *Los partidos en la Transición*, Madrid, 2013, p. 32.

[69] Ortega Díaz-Ambrona, Juan Antonio, *Las transiciones de UCD. Triunfo y desbandada del centrismo (1978-1983)*, Barcelona, 2020, p. 151.

Pilar. Algunos los asociaban lejanamente a Fernando Herrero Tejedor, que en 1975 había sido nombrado por Franco secretario general del Movimiento. Casi nadie recordaba que Suárez había sido su secretario personal cuando ocupaba la gobernación de Ávila y luego vicesecretario del Movimiento. Herrero creó la Unión del Pueblo Español, una asociación política que él mismo dirigió y, tras su muerte en un accidente de carretera, pasó a manos de Suárez. Al ser nombrado presidente, el joven abulense era el ministro secretario general del Movimiento, a donde había llegado por su intrepidez y el padrinazgo de Herrero Tejedor. Era esto, justamente, la palanca que movió al rey a pensar en él. Parecía el interlocutor adecuado. El legitimador. Él podría, dentro del franquismo sobreviviente, hacer que las cosas fueran más fáciles o, por lo menos, menos dificultosas.

Tampoco se sabía mucho de otros dirigentes. Una encuesta de mayo de 1976 expresaba que el político más conocido de España era Manuel Fraga Iribarne. La opinión pública situaba a Joaquín Garrigues Walker en el puesto trece, cinco por encima de Suárez. El cuarto correspondió a José María de Areilza y el quinto a Felipe González. Pero, una vez conocida la renuncia de Arias Navarro y sus posibles sucesores, el primer puesto fue para Areilza, mientras Suárez no alcanzaba ningún registro. Todo apuntaba a que el sucesor sería el suegro de Garrigues Walker, ministro de Asuntos Exteriores.

Pero encaraba un grave problema: no era de la simpatía del Consejo del Reino, que lo veía como un desertor del rancio franquismo. El 30 de junio, el rey le manifestó a Arias Navarro la inconformidad con su gestión de gobierno. Lo tenía previsto con anterioridad. El presidente renunció enseguida. El monarca optó por Suárez para presidente del gobierno, tras estudiar la terna de cajón integrada por este, Gregorio López Bravo y Federico Silva Muñoz. Suárez era su candidato y el de Torcuato Fernández Miranda, que había logrado la aceptación del nombre del exdirector general de RTVE ante el Consejo del Reino. Fernández Miranda era un hombre que había navegado en profundidad en las aguas del régimen e incluso había sido secretario general del Movimiento. Era el 4 de julio.

Dos días antes, 32 firmantes de una declaración se habían manifestado contra la idea de la reforma constitucional, proyectada por el gobierno saliente. Los firmantes iban más allá: promovían el establecimiento de una plena democracia. Joaquín Garrigues Walker firmó el escrito, junto a otras personas vinculadas a la oposición como Fernando Álvarez de Miranda, Rafael Arias-Salgado, Manuel Azcárate, Ignacio Camuñas, Francisco Fernández Ordóñez, Felipe González, Raúl Morodo, Carlos Ollero, Joaquín Ruiz-Giménez, Ramón Tamames, Joaquín Satrústegui y Enrique Tierno Galván.

La elección de Suárez no cayó muy bien. Fue una sorpresa prácticamente inaceptable. Venía de la esencia del franquismo y, a juicio de muchos, era una opción que había dejado por fuera a personas más competentes y preparadas: José María de Areilza, Manuel Fraga Iribarne, Antonio Garrigues Díaz-Cañabate, Federico Silva Muñoz o Pío Cabanillas, entre otros. «Tenían más posibilidades o Fraga o sobre todo Areilza»[70,] manifestó Marcelino Oreja tiempo después.

El suegro de Joaquín Garrigues Walker había dado por hecho que él sería el nuevo presidente. Pero no ocurrió. Suárez, sin embargo, no tardó en llamarlo para proponerle que se vinculara al nuevo gobierno. La idea, muy probablemente, venía del Rey, que quería contar con él. «Lo felicité y le dije que lo pensaría [...] Pero creo que no debo colaborar en el nuevo gobierno, porque ni veo claro lo que se propone, ni por qué se ha dado esta sorprendente salida a

---

[70] García Martín, Juan Andrés, *Cambio 16 y la Transición española, una voz autorizada*, Madrid, 2016, p. 440.

la crisis del gobierno Arias»[71], expresó Areilza. Resentido con la elección, aseguró que había sido una oscura maniobra. Habló con Fraga y este le dijo que Suárez también lo había llamado para que participara en el gobierno. Probablemente, los quería nombrar embajadores para tenerlos alejados de su proyecto personal. En todo caso, Garrigues Walker no deseaba que su suegro fuera el nuevo presidente, ni mucho menos Fraga, aunque tampoco se congratuló con la elección de Adolfo Suárez. Los tres tenían la impronta franquista.

La revista *Cambio 16*, bajo la firma de Juan Tomás de Salas, lamentó el nombramiento:

> Si el cese del presidente Carlos Arias Navarro suscitó una euforia cierta en los medios informados y en la opinión del país, el nombramiento de su sucesor, Adolfo Suárez, trajo consigo estupor absoluto en casi todo el mundo y profunda decepción en medios muy calificados de la opinión nacional […] Si el cese de Arias Navarro significaba un fortalecimiento de la monarquía democrática frente a los vestigios del franquismo, ¿por qué elegir para acelerar la vía democratizadora a un político cuya carrera fue hasta hace unos días de color opusazul?[72].

Joaquín Garrigues compartía la opinión de su amigo Salas. Pero diferían en un asunto: el periodista había apostado por Areilza como sucesor de Arias Navarro. Lo cierto es que la prensa más beligerante a favor del cambio veía en Areilza a una figura determinante en el juego político. El diario *El País*, apóstol de la escritura democrática, nunca acogió favorablemente al nuevo presidente. El periodista

---

[71] Areilza de, José María, *Diario de un ministro de la monarquía*, Barcelona, 1977, p. 15.

[72] García Martín, Juan Andrés, *Cambio 16 y la Transición española, una voz autorizada*, Madrid, 2016, p. 440.

Juan Cruz, incluso, llegó a afirmar: «Con Adolfo Suárez *El País* fue francamente hostil, incluso excesivamente hostil»[73].

El rey creía, sin embargo, que con Suárez se podría llevar adelante la reforma política, dado su entronque con las Cortes franquistas. Echaría mano de su pasado para cambiar el presente y asegurar un futuro diferente.

El presidente se las jugaba con la constitución del nuevo gabinete ministerial. El país estaba expectante. Suárez sabía que tenía que conformarlo con una imagen distinta al gabinete de Arias Navarro. Aunque sin éxito pretendió la colaboración de Areilza y Fraga, sabía al mismo tiempo que habría sido un inconveniente contar con los *Budas*, como le decían al trío compuesto por estos dos políticos y por Antonio Garrigues Díaz-Cañabate.

Pero a la vez debía obrar con cautela, no exacerbar los ánimos franquistas y buscar que los nuevos ministros fueran con toda claridad monárquicos y mayoritariamente pertenecientes a su generación y a la del rey. Nombró, en su línea, a los reformistas Rodolfo Martín Villa, ministro de Gobernación y a Fernando Abril Martorell, en Agricultura. Y por el llamado grupo Tácito, de orientación demócrata-cristiana, a Marcelino Oreja, en Asuntos Exteriores; Landelino Lavilla, en Justicia; Eduardo Carriles en Hacienda; Enrique de la Mata, en Relaciones Sindicales; Andrés Reguera, en Información y Turismo; Leopoldo Calvo Sotelo, en Obras Públicas y Alfonso Osorio, vicepresidente segundo y ministro de la Presidencia,

El nuevo gabinete tampoco cayó bien entre algunos sectores. «Está condenado al fracaso»[74], expresó el historiador Ricardo de la Cierva en *El País*. «Es un gobierno

---

[73] Ortega Díaz-Ambrona, Juan Antonio, *Las transiciones de UCD. Triunfo y desbandada del centrismo (1978-1983)*, *op. cit.*, p. 325.

[74] Huneeus, Carlos, *La Unión de Centro Democrático y la transición a la democracia en España*, *op. cit.*, p. 97.

transitorio: no un gobierno para la transición»[75], manifestó Josep Meliá, político mallorquín. A Garrigues Walker no le pareció mal. El talante monárquico de los ministros era indispensable para dar paso a la democracia. El joven político nunca dudó de la Monarquía como elemento constitutivo de una democracia en España. Tempranamente, en 1960, había escrito que era necesario que «los monárquicos —y no los pseudomonárquicos— establezcan claramente el contenido y las fronteras del Monarquía que propugnan para el futuro. Y quizás también ellos podrán aprender, como consecuencia del diálogo, que esa Monarquía que tiene incontestablemente sus raíces en la tradición de siglos, no podrá ser paradójicamente nunca más la Monarquía tradicional, si por tradicional se entiende la absolutista, cortesana y de camarillas»[76].

Y desde 1974, había expresado la necesidad de contar con Juan Carlos de Borbón. Entonces, con sentido práctico, dijo: «Se dirá que en la década de los 70 la instauración de la Monarquía en el nieto de un rey es una operación difícil. ¿Hay otra más fácil?»[77]. Garrigues era consciente del trabajo que había que emprender: «En la medida en que los españoles estemos dispuestos a pagar el precio de la libertad, a compartir solidariamente el esfuerzo de la democracia, y solo en esa medida, el Príncipe será, como usted y yo deseamos, un gran rey demócrata»[78].

Coincidía en ello con la revista *Cambio 16* que, al año siguiente, había expresado su simpatía por el príncipe y su disposición a ayudarle. Esto era necesario. Solo no podría hacer gran cosa. El periodista Miguel Ángel Aguilar lo expresó así: «Teníamos la impresión de que el príncipe sabía

---

[75] Ibíd.

[76] Garrigues Walker, Joaquín, ¿«Quién está en Babia?», documento enviado a Emilio Romero, director de *Pueblo*, 13 de febrero de 1960, p.3.

[77] Pi, Ramón, *Joaquín Garrigues Walker, Perfil humano y político, op. cit.*, p. 85.

[78] Ibíd.

bien que el régimen era imposible de continuar. Tenía muy presente cómo había perdido el trono su abuelo el Rey Alfonso XIII [...] Vio cómo su cuñado Constantino de Grecia con 26 años aceptó el golpe de los Coroneles del 21 de Abril de 1967 y aunque en diciembre intentó sin éxito desplazar a los militares. Cuando el país recobró la democracia en 1974 expulsó la monarquía. Así que los casos de Alfonso XIII y de Constantino funcionan como una doble vacuna [...] en *Cambio 16* se sabía que don Juan Carlos quería la democracia y que para que llegara convenía ayudarle»[79].

Poco le importaron a Suárez las críticas al gabinete y las dudas sobre su nombramiento. Rápidamente entró en labores. Tomó nota del clamor de la oposición por buscar negociaciones entre ella y el gobierno para avanzar hacia la democracia. Pero no deseaba negociar nada con la oposición. Sin embargo, habló con algunos opositores. Les informó que habría elecciones libres y un parlamento de carácter constituyente en el plazo de un año.

Ante los acontecimientos sobrevinientes, Garrigues había percIbído que la Federación, que él presidía, debía sumarse a otros movimientos liberales para aumentar la fuerza política. No era solo su inquietud, sino la de la fundación liberal alemana Friedrich-Naumann-Stiftung, que, como se ha dicho, pretendía en España la creación de un partido liberal. Tras conversaciones internas, tomó cuerpo la llamada Alianza Liberal, que agrupó cuatro formaciones de esa naturaleza ideológica, sin que perdieran la identidad de cada una de ellas. La coalición se conformó por la Federación de Partidos Demócratas y Liberales de Garrigues, constituida por once partidos regionales; el Partido Liberal de Larroque y la Unión Española de Satrústegui, quien fue nombrado presidente de la Alianza. La FPDL de Joaquín

[79] García Martín, Juan Andrés, *Cambio 16 y la Transición española, una voz autorizada, op. cit.*, p. 342.

Garrigues representaba el movimiento más fuerte entre las tres fuerzas.

La Alianza tomó como base la declaración de principios de 1967 de la Internacional Liberal y expresó la urgencia de la apertura de un proceso constitucional, la legalización de todos los partidos políticos y sindicatos y la puesta en marcha de elecciones libres. Las tres agrupaciones reunidas invocaban el respeto a la propiedad privada, la defensa de la iniciativa privada, el reconocimiento de las obligaciones sociales, el control para evitar privilegios y monopolios económicos y la integración de España en la Comunidad Europea. De otra parte, Garrigues y Camuñas mantenían conversaciones para llegar a una posible coalición y creían que era necesaria una aproximación a los socialdemócratas de Fernández Ordóñez. La FPDL era vista por los alemanes como una federación liberal conservadora, mientras el Partido Demócrata Popular de Camuñas era considerado social liberal. Esta agrupación política se definía públicamente como heredera del progresismo liberal, inmersa «en la larga tradición del liberalismo progresivo»[80].

La mayor solidez ideológica estaba en la FPDL. Fue la más refractaria a la influencia alemana del momento. Contaba con la talla intelectual de Garrigues, cuyo estructurado pensamiento político tenía firmes raíces, como se verá más adelante, y de serios estudiosos del liberalismo universal y la realidad histórica de España, entre los que destacaban Antonio Fontán, Ramón Pais, Eduardo Merigó y Julio Pascual.

La amistad entre Pascual y Garrigues databa del otoño de 1975. Recién fallecido Franco, como se recordará, los directivos de la Fundación Naumann de Alemania decidieron emprender un viaje a España en busca de liberales. Cuando llegaron a Madrid, y con la ayuda de la embajada de la propia Alemania, se enteraron de la existencia de un

---

[80] Camuñas, Ignacio, *Partido Demócrata Popular*, Bilbao, 1977, p. 21.

puñado de liberales interesados en la actividad política. Fue así como detectaron a Ramón Trías Fargas, a Joaquín Satrústegui, a Ignacio Camuñas, a Joaquín Garrigues Walker, y a un muy joven economista, llamado Julio Pascual, que presidía una pequeña empresa que editaba títulos liberales. Tras conversar con algunos de ellos, los alemanes los invitaron a una reunión cerca de Bonn, donde la fundación Nauman posee una sede. En el vuelo hacia Bonn, Pascual tomó asiento junto a un hombre que, coincidencialmente, viajaba al mismo encuentro. Era Ramón Pais, un abogado compostelano, que acudía a la reunión en representación de Joaquín Garrigues Walker, quien no podía asistir porque se hallaba enfermo de gripe. Durante la reunión Pascual hizo amistad con su compañero de silla, a quien llamó la atención el conocimiento que este tenía del pensamiento liberal[81].

Pascual tenía un grupo de amigos que se reunía ocasionalmente en Madrid, en un piso de la Avenida de América, en casa de Luis Guzmán Justicia. En esas tertulias escuchaban e interrogaban a jóvenes políticos emergentes, ansiosos de influir en los destinos de España. A su regreso de Alemania, Pascual fue informado por Guzmán Justicia de que, a la siguiente reunión, estaba invitado como protagonista Joaquín Garrigues Walker y que le parecía que él debería actuar como moderador del encuentro·

La reunión empezó a las 7 de la tarde y se prolongó hasta las 2 de la mañana. Al terminar el coloquio, Garrigues se acercó a Pascual y le preguntó si él era el mismo Pascual que había ido a Alemania y que había tenido como vecino en el avión a Ramón Pais. Pascual le confirmó la información y Garrigues, sin pensarlo mucho, lo invitó a comer al día siguiente. Desde entonces se gestó una larga relación entre ambos, alimentada por diálogos y libros acerca del liberalismo.

---

[81] Conversación con Julio Pascual, Madrid, 23 de marzo de 2000.

Joaquín había construido los contenidos ideológicos del Partido Demócrata y de la FPDL a partir de la defensa del individuo frente al poderío creciente del Estado en la sociedad. Ello permitía dinamizar y proyectar un conjunto de ideas que abrazaba todos los ámbitos del individuo y la sociedad. El ejercicio de las libertades suponía para él, entre otras, la posibilidad cierta de construir un país entre todos. Desde la muerte de Franco, había puesto en escena una verdad irrefutable: una Guerra Civil solo termina cuando quedan integrados en la vida política aquellos que la perdieron.

Pero Garrigues estaba preocupado. Los liberales no parecían alcanzar una percepción importante dentro de la opinión pública. En julio de 1976, un sondeo de opinión les daba un 7% ante una posible elección, mientras los demócratas cristianos obtenían un 30% y los socialdemócratas un 25%. El joven político notaba la ausencia de capacidad para movilizar a los ciudadanos y de una potencial organización electoral. Estos inconvenientes quedaron prácticamente entre el tintero por la velocidad con que se precipitaron los acontecimientos en 1977.

Le inquietaba, igualmente, la escasa penetración del liberalismo en la sociedad. No estaba en su mejor momento y el reciente peso histórico caminaba en su contra: «El horror contra todo lo liberal desde la Monarquía de Alfonso XIII y la II República había sido alimentado por la propaganda franquista»[82]. El franquismo hundía sus raíces en un feroz odio hacia el liberalismo. Carlos Pinilla Turiño, que ocupó varios cargos públicos del régimen y formó parte de la División Azul — división de infantería española que militó junto al ejército de la Alemania nazi— llegó a afirmar: «Ni los más fanáticos partidarios del viejo orden pueden negar un

---

[82] Urigüen, Natalia, «La ayuda del Partido Liberal Alemán y la Friedrich-Naumman-Stiftung a sus homólogos españoles en la Transición», en *Historia y política*, n.º 43, p. 355.

hecho evidente, y es este: el fracaso estrepitoso del liberalismo en la economía y la política. Patente este fracaso, desde hace años, somos hoy testigos presenciales de su derrumbamiento, de su caída vertical. Al final, un bosque de jóvenes bayonetas asestará el golpe decisivo y el cuarteado edificio del Estado capitalista demoliberal se desplomará»[83].

El peso histórico contra el liberalismo era impresionante, como señala Javier Moreno Luzón:

> El odio al liberalismo aunaba a la práctica totalidad de las tendencias derechistas que apoyaron a la dictadura de Francisco Franco, desde el fascismo de la Falange hasta el monarquismo alfonsino pasando por el carlismo y el catolicismo cedista. De hecho, la furia antiliberal constituyó una de sus características ideológicas más duraderas. La retórica oficial subrayaba que el liberalismo, como después la democracia o el comunismo, formaba parte del acervo extranjero que los enemigos de España habían inoculado en el cuerpo de la patria para sacarla de la ruta que le indicaba su mejor tradición, la que le había dado sus más altos momentos de gloria, es decir, la auténticamente nacional, imperial y católica que procedía de Isabel y Fernando y de los Austrias. Se trataba de erradicar sin piedad el pasado ilustrado y liberal, de marginar el siglo XVIII y borrar de un plumazo el XIX, origen de una degeneración que había derramado sus perversos efectos sobre el XX hasta desembocar en la república masónica y marxista[84].

Ese peso histórico caía como una losa sobre los liberales del momento. «Desde los escritos de José Antonio Primo de Rivera hasta las Leyes Fundamentales se intentó cons-

---

[83] Pi, Ramón, *Joaquín Garrigues Walker, Perfil humano y político, op. cit.*, p. 15.

[84] Moreno Luzón, Javier, «Los liberales», en *Las claves de la España del siglo XX. Ideologías y movimientos políticos*, Madrid, 2001, p. 20.

truir una sociedad y un Estado equidistantes del liberalismo decadente y del comunismo totalitario»[85], manifestó Garrigues más adelante. Para él, el régimen se había encargado de manipular la imagen de los liberales durante cuarenta años. «Los liberales conducían al desorden y al libertinaje»[86]. Agregaba: «El hecho es que esa imagen ha calado hondo en la sociedad española de nuestro tiempo. Se citan nuestra Historia pasada y el carácter individualista e insolidario de los españoles como argumentos irrefutables. Se olvida que no fueron los liberales, sino los conservadores y los rupturistas, los que hicieron imposible una España civilizada y liberal»[87].

Un mes después de que Suárez asumiera la presidencia, se dio a conocer la primera declaración de la Alianza Liberal, suscrita por Unión Española, Federación de Partidos Demócratas y Liberales y Partido Liberal, que retomaba lo acordado con anterioridad. En ella, de nuevo, se reclamaba el pronto establecimiento de la democracia; el reconocimiento de todas las libertades políticas; la celebración de elecciones democráticas cuyos elegidos en el Parlamento tendrían la misión de redactar la Constitución; y fundaban la base de la Alianza en una política liberal que respetara la propiedad, impulsara la iniciativa privada y promoviera la eliminación de los monopolios privados y estatales y buscara la integración de España en la Europa comunitaria.

Días antes, el 30 de julio, Suárez decretó una amnistía por delitos de motivación política, que llevó a la libertad a diversos presos políticos. A Coordinación Democrática le pareció insuficiente. Reclamaba, además, amnistía laboral, la eliminación de trabas para el regreso de los exiliados y la contemplación de los presos vascos, entre otras medi-

---

[85] Garrigues Walker, Joaquín, «Los liberales, ¿para qué?», *Actualidad española*, 30 de marzo de 1977.
[86] Ídem.
[87] Ídem.

das. Coordinación Democrática hablaba de una ruptura negociada que implique «la apertura de un proceso constituyente conducido por un Gobierno de amplio consenso democrático»[88].

Se vivía un periodo de efervescencia. Cada agrupación política buscaba cómo situarse en el panorama político, a pesar de que todavía no estaba legalizado el Partido Comunista ni se había fijado fecha para las elecciones generales. Garrigues describía la situación, con cierto ánimo crítico: «Proliferan las siglas de partidos y grupos políticos, muchos de ellos nacidos al amparo de una tertulia, al servicio de vanidades o protagonismos personales o por imperativos de una mala conciencia del pasado histórico»[89]. Reclamaba, desde el periódico *El País*, la legalización de la oposición, «la primera tarea política del tiempo que vivimos en nuestro país. Sin ella no se puede gobernar, no se debe gobernar»[90]. Tras sus palabras, confiaba en la pronta legalización del Partido Comunista.

Las agrupaciones políticas se mecían entre la ruptura y la reforma. El poder existente se resistía a la ruptura, mientras señalaban que las reformas, cuyas propuestas circulaban en diversos ambientes, constituían una ruptura encubierta. Joaquín creía que la ruptura, que pasaría necesariamente por un proceso constituyente, era inevitable, y lo que se imponía era una ruptura controlada o pactada. Reclamaba prisa y sostenía que el proceso marchaba muy lentamente. Sabía, probablemente por su padre, que el proyecto de Reforma Política caminaba desde meses atrás. Prácticamente en secreto, se preparaba sin consultar a la oposición. Antonio Garrigues, como ministro de Justicia durante el pri-

---

[88] Juliá, Santos, *Transición, Historia de una política española (1937-2017)*, *op. cit.*, p. 372.

[89] Garrigues Walker, Joaquín, «Los programas políticos», *Informaciones*, 5 de junio de 1976.

[90] Garrigues Walker, Joaquín, «La oposición democrática», *El País*, 5 de septiembre de 1976.

mer gobierno de la Monarquía, había formado parte de la Comisión Mixta Gobierno-Consejo Nacional, creada por Adolfo Suárez cuando actuaba como ministro secretario del Movimiento, encargada de preparar las reformas legales que luego se enviarían a las Cortes. Antonio Garrigues, pues, estaba al tanto de sus contenidos y se los habría comunicado a su hijo.

La velocidad reclamada por Joaquín, sin embargo, se aceleró cuando se supo que el gobierno tenía listo el proyecto. A través de Torcuato Fernández-Miranda, se le respondió a la oposición con el proyecto que llevaría a la convocatoria a elecciones para constituir un Congreso, compuesto por diputados y senadores y donde la figura del rey quedaba claramente definida. El texto contemplaba algunos aspectos propuestos por la Alianza Liberal.

Después de haberse presentado sin problemas el proyecto el 8 de octubre al Consejo Nacional del Movimiento, debería seguir su curso en las Cortes. En él texto, además de convocarse a elecciones de diputados y senadores por sufragio universal directo y secreto, se facultaba al rey para nombrar presidentes de las Cortes y del Consejo del Reino y la creación del mecanismo del referéndum para que los ciudadanos decidieran opciones políticas. Suárez dio a conocer el proyecto por televisión. Gustó a algunos sectores, pero no a Coordinación Democrática porque aseguraba que no había habido ningún tipo de voluntad negociadora, salvo algunos contactos unilaterales.

El avance del proyecto se debió a las reuniones del presidente con sectores que, como los militares, podrían frenar su marcha. En materia de legalización de los partidos, dejó por fuera al Partido Comunista Español, a sabiendas de que sería una cuestión de tiempo.

Mientras tanto, las noticias daban cuenta del goteo hacia el socialismo de intelectuales prestigiosos, de poetas, médicos y profesionales de todas las disciplinas. Garrigues definió la situación como una respuesta a «la magia socialista», que miraba preferentemente hacia Suecia y Alemania. Pero advertía a los socialistas que no se engañaran: «Cuando en Europa gobiernan los partidos socialistas lo hacen siempre con esquemas económicos de libre empresa [...] Y esos gobiernos son tanto más eficaces cuanto más respetan la iniciativa individual, cuanto más fomentan la propiedad privada»[91].

El proyecto de Reforma Política salió adelante. Sus defensores en las Cortes fueron el exministro de Trabajo de Franco, Fernando Suárez, y Miguel Primo de Rivera, sobrino del fundador de la Falange. El 18 de noviembre se transformó en un día memorable: 425 procuradores votaron a favor del proyecto de ley, de los 531 que pertenecían a las Cortes; 59 votaron en contra, 13 optaron por la abstención y los 34 restantes no se presentaron. Desde el propio franquismo se aprobaba una iniciativa que lo desmontaba. En la votación fue definitivo el respaldo de 183 procuradores, seguidores de Fraga. Las elecciones generales serían un hecho y la oposición lo entendió claramente. Una reunión de la Plataforma de Organismos Democráticos, celebrada el 27 de noviembre, a la que asistió el conjunto de los grupos opositores, daba su conformidad. Solo faltaba el referéndum.

Se procedió a su convocatoria y el 15 de diciembre, al cierre de 1976, fue aprobado el proyecto por los ciudadanos con un 94.2% a favor. Suárez había triunfado y se alzaba como la figura más importante de España, después del rey. Fortalecido el gobierno, decidió abrir conversaciones formales con la Plataforma de Organismos Democráticos, una ampliación de Coordinación Democrática.

Se creó una Comisión Negociadora, compuesta por nueve miembros: Enrique Tierno y Felipe González, por los socialistas; Francisco Fernández Ordóñez, por los social-

---

[91] Garrigues Walker, Joaquín, «La magia socialista», *Blanco y Negro*, 4 de septiembre de 1976.

demócratas; Joaquín Satrústegui, por los liberales; Antón Canyellas, por los democratacristianos; Santiago Carrillo, por los comunistas; Jordi Pujol, por Cataluña; Valentín Paz Andrade, por Galicia; y Julio Jáuregui, por el País Vasco. La Comisión tuvo a su cargo la participación en la elaboración de las normas electorales.

Garrigues, mientras tanto, invocaba la democracia como un mecanismo diferente para el ejercicio de la política. Llamaba la atención sobre cómo se cubrían los cargos públicos. El franquismo, aún vigente en las instituciones del Estado, se autoalimentaba y retroalimentaba según los procedimientos internos puestos en práctica desde hacía cuarenta años. Aunque el nuevo gobierno de Suárez era consciente de ello, todavía no se atrevía a desmontar el poderoso aparato heredado del régimen. Se esperaba que la Reforma Política fuera el punto de partida.

Garrigues insistía en que esa manera de cubrir los cargos no sucedería más en democracia: «El político en la democracia —que es la forma más civilizada de gobierno— es el que llega por esos canales, el que asciende hacia el vértice de la pirámide de poder con el respaldo de los electores. El que logra la credibilidad y confianza de sus representados a la luz de sus argumentos. Quienes públicamente se someten al juicio de los demás. Por ese camino, y solo por ese, se gana y se pierde la condición de político»[92].

Era una crítica, por lo demás, a los tecnócratas del franquismo que, disfrazados de técnicos, ejercían el poder. Se trataba de una verdadera «estructura de poder monolítica»[93]. Según Joaquín, «todavía en la Administración pública española —desde el Gobierno a las Cortes pasando por el Consejo Nacional—, se seleccionan por el *curriculum vitae*, con este argumento tan sólido: «La inter-

---

[92] Garrigues Walker, Joaquín, «Políticos y tecnócratas», *El Diario Montañés*, 5 de julio de 1976.
[93] Ídem.

vención en el Gobierno de una élite educada resulta más eficaz que la de un Gobierno escogido por el voto de la mayoría»»[94].

Antes de que finalizara 1976, un grupo de personas de reconocida figuración tanto en el pasado como en el presente presentó al público, el 10 de noviembre, una nueva agrupación política, bautizada como Partido Popular. Sucedía ante la imposibilidad de llegar a un acuerdo entre Areilza y Fraga de establecer una coalición centrista. Cada uno tomó había tomado su propio camino.

Al acto asistieron, entre otros, el propio José María de Areilza, Pio Cabanillas, Pedro Pérez Llorca y Miguel Herrero de Miñón, hasta hacía un tiempo cercano al proyecto político de Joaquín Garrigues Walker. En el nuevo partido también figuraban Oscar Alzaga, el grupo Tácito y Juan Antonio Ortega.

Con la Reforma Política aprobada, los ciudadanos españoles giraron su mirada, dos días más tarde, hacia la celebración franquista del 20 de noviembre, primer aniversario del fallecimiento del general. Había expectativas por la reacción de los sectores más arraigados en el régimen. No pasó a mayores, pero quedaba en evidencia el odio hacia el cambio y hacía Suárez. Las pancartas llevaban consignas como «¡Franco resucita, España te necesita!» o «¡Suárez, dimisión, por perjuro y por masón!».

Cuando terminaba el año, se constituyó, además, la federación Alianza Popular, en torno a Manuel Fraga Iribarne, compuesta por conservadores, mayoritariamente vinculados al régimen franquista y muchos de ellos exministros del dictador, como Cruz Martínez Esteruelas, Federico Silva Muñoz, Licinio de la Fuente, Laureano López Rodó y Gonzalo Fernández de la Mora. Cada uno de ellos aportó la sigla del caso a la nueva coalición.

---

[94] Ídem.

Garrigues Walker lamentaba el historial de sus promotores y argumentaba que no tendrían más opción que defender el Estado nacional-socialista, que era lo que conocían sus organizadores. El modelo franquista de Estado. A Joaquín le parecía absurdo que Alianza Popular pidiera la exclusión política del Partido Comunista, mientras los miembros de la nueva organización partidista representaban un pasado totalitario. No obstante, confiaba en que reflexionaran y cumplieran las reglas del juego democrático que se avecinaba, «porque también ellos pueden convertirse a la democracia. Después de todo, España es un país de conversos»[95], expresó con ironía.

Antes de realizarse el referéndum, que era tema en los corrillos españoles, surgieron opiniones de toda suerte. La de los comunistas también saltó a la palestra. Enseguida Garrigues Walker manifestó su respaldo al Partido Comunista Español y a uno de sus líderes, Manuel Azcárate, partidario del eurocomunismo. Amigo personal de Joaquín, Azcárate padeció el exilio y solía manifestar sus posturas políticas en el diario *El País*. Según Garrigues, el eurocomunismo tenía un claro sentido democrático «porque sin serlo no podría existir en el occidente de Europa»[96].

Expresó, además, que el Partido Comunista era un abanderado de la oposición democrática en España y que él no negaría su «pluma para defender su presencia en la democracia española del futuro»[97]. Los comunistas, según él tenían las credenciales a su favor: «Los comunistas españoles, con los ideales de la fe marxista, pueden hoy exhibir las credenciales de las cárceles, persecución y exilio acumuladas durante la etapa anterior. Ningún otro partido de la

---

[95] Garrigues Walker, Joaquín, «La Armada Invencible», *Diario de Pontevedra*, 26 de septiembre de 1976.

[96] Garrigues Walker, Joaquín, «Las aguas bajan turbias», *El País*, 27 de noviembre de 1976.

[97] Ídem.

oposición democrática tiene, en ese terreno, un historial tan brillante y espectacular como el de ellos»[98].

La democracia se pedía a gritos y ese llamado también era «para que hombres como Manuel Azcárate y Santiago Carrillo y tantos más no puedan en el futuro recordarnos —como hacen ahora legítimamente— su condición de exiliados»[99]. Garrigues, quien desde luego era un enemigo declarado de la filosofía marxista, entendía, sin embargo, que sin la presencia del Partido Comunista Español no habría una verdadera democracia. Un puesto que nadie puede negarle, aseguraba Joaquín con contundencia. El joven político aún recordaba a su suegro que un año antes había expresado que el Partido Comunista no tendría cabida en la democracia española. Las percepciones habían cambiado.

Mientras tanto, la prensa europea daba cuenta de la presencia clandestina de Carrillo en Madrid. Unos días antes del referéndum, habló con los periodistas. Los medios de comunicación informaron que el líder comunista aceptaba la Monarquía, que sus seguidores se abstendrían de votar y que, si el Partido Comunista no era legalizado, sería culpa de los militares. Y también unos días antes del referéndum, Antonio María de Oriol y Urquijo, presidente del Consejo de Estado y vinculado fuertemente al franquismo, fue secuestrado por los GRAPO (Grupos de Resistencia Antifascista Primero de Octubre), que ya habían asesinado en Madrid en octubre de 1975 a cuatro policías nacionales. El terrorismo quería, ahora, secuestrar el referéndum.

Debido a la multitud de opciones políticas que entrarían en las elecciones, Garrigues sentía que a la opinión pública le costaba diferenciar entre las posiciones liberales existentes. A la gente «les parecemos todos los mismo»[100], afirma-

---

[98] Ídem.
[99] Ídem.
[100] Garrigues Walker, Joaquín, «La alternativa liberal», *Informaciones*, 4 de diciembre de 1976.

ba. Pero tenía claro que debería haber un frente común, a pesar de las mezquindades y los recelos entre las distintas tendencias. Reclamaba una imagen coherente, como única fórmula de ofrecer a los españoles una verdadera alternativa. Aunque en agosto de 1976 se había conformado la Alianza Liberal, aún quedaban flecos sueltos. La unidad satisfactoria se lograría meses después, pero bajo unas circunstancias partidistas completamente diferentes.

Para Joaquín Garrigues Walker, los jóvenes constituían un elemento clave en el desarrollo de su proyecto político. Y para los jóvenes, Garrigues era una figura fascinante. Su deseo de atraer a la juventud obedecía claramente a su intención de contar con un sector de la población aún no contaminada por cuarenta años de franquismo y, por lo mismo, de más fácil penetración por las ideas liberales. Por ello, junto con Antonio Fontán, puso en marcha la Federación de Juventudes Liberales, que suscribió su primer manifiesto el 16 de octubre de 1976.

En él, afirmaban los jóvenes: «Con la mirada fría vemos que, desde hace cuarenta años, no ejercemos nuestros derechos y por tanto estamos poco preparados para no dejarnos arrastrar por la demagogia»[101]. Denunciaban a una clase política, que todavía ostenta el poder, «que tiene un oscuro lastre de intereses en juego que la frenan y boicotean los pasos reformistas»[102]. Y exigían «el desmantelamiento del aparato fascista del Movimiento-Organización y presionamos para que no se sigan retrasando la esperada llegada de unas elecciones que den por fin la palabra al pueblo»[103].

Garrigues solía mantener a menudo reuniones con los jóvenes. Cuenta el escritor y catedrático José María Paz Gago que, cuando tenía 19 años, conoció a Joaquín en un viaje de

---

[101] Federación de Partidos Demócratas y Liberales, *Partido Demócrata, op. cit.*, p. 98.

[102] Ibíd.

[103] Ibíd., p. 99.

un grupo de jóvenes que fueron a Madrid desde Valladolid. En ese entonces, Paz Gago dirigía la revista liberal *Universidad Libre*, donde se denunciaba la politización de la universidad. Le impresionó la figura de Garrigues Walker. «Tenía mucha simpatía. Una persona con mucho carisma. Una personalidad que atraía. Seducía con su imagen»[104], dice el catedrático. Lo recuerda con gafas muy cuadradas, casi pelirrojo, con patillas y vestido con camisa de cuadros y tirantes. «Era muy sonriente y muy distendido»[105], agrega el escritor. «Parecía un profesor inglés que podría venir de Oxford. Tenía un *look* sorprendente»[106].

La confianza de Joaquín en la juventud quedó registrada en un mensaje que dedicó a un joven líder liberal, Pedro Pérez Fernández de la Puente, bajo el título «Carta abierta a un joven libertario»:

> No te pases los días mirando expectante a los poderes públicos para que te resuelvan los problemas. Hazte la vida por ti mismo y, si te es posible, vive al margen del Estado, de sus funcionarios y de todo el boato y esplendor que les acompaña. En este país todo es política porque hemos convertido al Estado en un becerro de oro al que adoramos con fervor. Si tú y tus amigos os podéis liberar de ese culto profano iniciaréis un camino hacia no se sabe dónde, pues ya sabes que las libertades con minúscula, las libertades para vivir, abren los caminos pero no cierran los destinos […] Este es, sin embargo, un país importante capaz de helarte la sangre y construir maravillas, un país de gentes que se pegan al terreno y luchan como leones para resistir el calor de los fuegos y el frío de las nieves, sin darle a la cosa mayor importancia y sin perderle la cara al toro de sus mil dificultades[107].

---

[104] Conversación con José M.ª Paz Gago, La Coruña, 5 de octubre de 2022.
[105] Ídem.
[106] Ídem.
[107] Moreno Garcerán, Arturo, *Don Antonio Fontán Pérez. El espíritu de la política*, Madrid, 2013, p. 194.

Cuando se acercaban las fiestas de Navidad, el panorama nacional aún era confuso, sobre todo porque las distintas fuerzas políticas buscaban cómo situarse en el escenario electoral que asomaba. El historiador Javier Tusell resumió con claridad el escenario político de finales del año. Los grupos políticos de tendencia moderada «no eran más que una sigla, un personalismo y muy pocos centenares de afiliados. Procedían de la oposición moderada al franquismo o de la zona intermedia entre el régimen y la oposición»[108].

Al otro día del referéndum, Garrigues aún se lamentaba de las dificultades para construir un nuevo modelo de sociedad y Estado. Era tan fácil establecer un régimen de libertades individuales bajo el imperio de la ley, un sistema económico basado en la iniciativa privada, una política de gasto público destinado a financiar la infraestructura en el país y una organización política basada en elecciones, que era de lamentar tanta complejidad impuesta para llevarlo a la práctica. Creía que era hora de pasar de las palabras a los hechos. Eran objetivos alcanzados en el resto de Europa y España aún estaba lejos de llegar hasta allí. No se explicaba el porqué si los españoles «no estamos hechos de peor madera, ni somos gente de segunda división»[109]. El joven político liberal no podía ocultar su ansiedad. Se acercaba la hora de la verdad. El país entero y la clase política se centraba en la figura exitosa de Suárez. Algunos intuyeron que había que estar cerca de él. Tras el resultado del referéndum, su liderazgo se asociaba a las urnas.

---

[108] Ortiz Heras, Manuel, «Un *partido* político para la reforma: La UCD *de* Adolfo Suárez (1976-1982)», en *Los partidos en la Transición, op. cit.* cit., p. 192.

[109] Garrigues Walker, Joaquín, «El modelo sueco», *La Vanguardia*, 16 de diciembre de 1976.

La hora de la verdad

El gobierno lanzó un llamado para abrir el diálogo con la Plataforma de Organismos Democráticos y constituir una Comisión Negociadora integrada por nueve miembros, como se ha dicho, que se encargaría de plantear los pasos para la legalización de los partidos, los estatutos de autonomía y las normas que regirían el proceso electoral. Garrigues respondió afirmativamente. Los liberales optaron por delegar tareas en Joaquín Satrústegui, presidente de la Alianza Liberal. La primera reunión se efectuó el 11 de enero de 1977.

Al mismo tiempo, el Partido Popular se ocupaba desde los últimos días de diciembre de su organización. Bajo el liderazgo de Areilza, se trataba de dar juego a los políticos interesados en actuar dentro del nuevo partido. El exministro daba cuenta de los que allí sucedía: «Los «Tácitos» aprietan mucho en la ocupación de puestos claves de nuestra naciente organización. Álvarez, Ruiz Navarro, Juan Antonio Ortega, Luis Ortiz, Castedo, se perfilan como hombres con ambición y voluntad de poder»[110]. Areilza pretendía que la organización se mantuviera en el centro político: «Hay que evitar que el partido se escore demasiado a la derecha y pierda, de ese modo, credibilidad»[111]. De ahí su afán por

---

[110] Areilza de, José María, *Cuadernos de la transición*, Barcelona, 1983, p. 92.
[111] Ídem.

integrar nuevas figuras que le proporcionaran una imagen centrista. Era su reacción ante los rumores. Se escuchaba, en ciertos círculos, que el gobierno tentaba la posibilidad de presentarse a las elecciones con un partido propio. Ese partido podría caminar en la dirección del centro político. Areilza, además, buscaba sacudirse de una vinculación pública a la derecha, después de que había dicho a comienzos de 1976 que él era de derechas. En 1977 nadie quería ser de derechas.

En realidad, cada grupo o movimiento que estaba a la derecha del PSOE y del PCE pretendía cuajar como opción centrista. Joaquín Garrigues había analizado el fenómeno y escribió un magistral artículo irónico al respecto, donde señalaba los inconvenientes de pertenecer a la derecha. Decía el joven político que la palabra centro «es el refugio obligado para quienes ni en situaciones de emergencia pueden catalogarse de izquierdas. La derecha históricamente ha perdido la guerra en todo el mundo, y no digamos en España. La derecha es el fascismo, el Régimen, el capitalismo decadente y el pasado»[112].

Garrigues expresaba que «ese barco de la derecha navega a la deriva con algunos polizontes escondidos en la bodega con la «svástica», el correaje y el brazo en alto. Todos los demás son social-demócratas y centro campistas»[113]. A alguien de la prensa, para mitigar la imagen de la derecha, pasó a referirse a la derecha democrática. Esto «evitó numerosos infartos. Sí. Se había descubierto un antídoto que podía salvar muchas vidas políticas [...] Esa derecha era inteligente y civilizada. Que traducida al castellano quería decir que hablaba y no mordía»[114]. Todas las formaciones políticas padecían vértigo si se les vinculaba a la derecha:

---

[112] Pi, Ramón, *Joaquín Garrigues Walker, Perfil humano y político, op. cit.*, p. 63.
[113] Ídem.
[114] Ibíd., p. 64.

«Las plataformas políticas se integran por partidos políticos que arrancan en la izquierda revolucionaria y acaban en el centro. ¿Y la derecha? La derecha es el centro. Pero estos partidos de centro viven incómodos buscando alguien para colocarlos a la derecha»[115].

Agregó Garrigues que, entonces, se empezó la búsqueda de alguien, de algún prototipo, que aceptara ser de derecha. Se pensó en Fraga, pero «no servía, porque se había precipitado confesando que él era de centro»[116]. Después se pensó que podría ser Areilza. «Era brillante, inteligente, rico según los rumores más fiables y además aristócrata. Hablaba idiomas y las señoras lo encontraban atractivo. Estábamos salvados. Solo quedaba saber si Areilza se dejaría convencer»[117]. Tras seguirle las pistas, se confirmó que no era ni comunista ni socialista. Era el candidato perfecto para ser de derecha. Areilza, agotado ya, «confesó un día a la prensa que él era de derechas. Pero de la derecha democrática e inteligente, apostilló un periodista para evitar equívocos»[118]. Areilza fue consagrado como una figura de derechas que, poco a poco, se fue desplazando hacia el centro, sigilosamente, sin que mucha gente se diera cuenta.

Pero no bastaba con el prototipo de Areilza. Se empezó a seguirle las pistas a Joaquín Garrigues Walker. En efecto, «Luego alguien más pensó en su yerno»[119], escribió Joaquín. Entonces comenzaron a circular las versiones de siempre: «Que tenía un apellido americano y se tuteaba con las multinacionales, los Rockefeller y la CIA». Es de derechas. Así que «Alguien le dijo un día aquellas terribles palabras: «Te he visto con Areilza. Yo sé que tú eres también de la derecha inteligente». El acusado se había jurado a sí mismo

---

[115] Ídem.
[116] Ídem.
[117] Ídem.
[118] Ibíd., p. 65.
[119] Ídem.

mil veces que nunca se dejaría traicionar por los nervios en una ocasión como esta. Pero no pudo y con un hilo de voz dijo para excusarse: sí, lo confieso, ¡pero yo estoy un poco más a la izquierda!»[120].

Según Garrigues, en España había una derecha inflexible. Él no pertenecía a ella, a pesar de que se le calificaba de derechas. Y también, como lo dijo, ahora estaba más a la izquierda, como muchos otros políticos españoles. La derecha es el centro. Por eso, a comienzos de 1977, Joaquín se sentía muy próximo a su suegro. El pasado franquista era obviable, si su actitud democrática era sincera. Desde el Partido Popular, Areilza buscaba una amplia coalición de centro.

El punto de encuentro entre Joaquín y su suegro fue la casa del exministro. Se reunieron con él, además, Ignacio Camuñas y Pío Cabanillas. Garrigues le expresó su voluntad de vincular su formación política a un centro democrático, que debería constituirse de inmediato. Areilza dejó por escrito: quieren que «vengan a él las otras formaciones previstas para ensanchar la coalición. Ofrecen desde ahora la integración electoral de sus respectivos partidos liberales en la alianza prevista»[121]. Garrigues y Camuñas fueron claros con Areilza y Cabanillas. En las primeras elecciones que se convoquen deseaban ocupar los puestos tres y cuatro de la lista por Madrid.

Con extrema prontitud, al día siguiente, 17 de enero, llegaban a la firma del pacto. Fue suscrito por el Partido Popular, bajo el liderazgo de Areilza; por la Federación de Partidos Demócratas y Liberales, de Garrigues; y por el Partido Demócrata Popular, orientado por Camuñas. Areilza, de esta manera, daba impulso al Centro Democrático. Se aguardaba a que se sumaran luego otros sectores ideológicos afines, en especial los partidos demócrata-cris-

---

[120] Ídem.
[121] Areilza de, José María, *Cuadernos de la transición, op. cit.*, p. 86.

tianos y socialdemócratas, con quienes ya se habían adelantado importantes pasos. Pero el hecho de que la formación de Garrigues fuera, formalmente, la primera en suscribir el pacto le otorgaría un peso destacado en el futuro de una coalición más amplia.

El pacto electoral, con alcance nacional, tenía como objeto afrontar unidos las elecciones del Congreso y Senado, aún no convocadas. Las tres agrupaciones se proponían un programa ideológico común y listas conjuntas de candidatos. El centrismo quedaba estipulado: «La coalición pretende facilitar la creación de una clara alternativa de centro democrático que solo se presentará a las elecciones si se cumplen las condiciones que aseguren para todos la inequívoca expresión de la voluntad del pueblo español»[122]. Así, Areilza se convertía en el vértice y artífice fundamental de una coalición de centro, mientras su yerno se constituía en una de las piezas claves.

El país se vio a finales de mes envuelto en una oleada de terror. Primero fue el asesinato en Madrid de Arturo Ruiz, joven participante en una manifestación proamnistía, por gente vinculada a Fuerza Nueva, grupo de extrema derecha. Luego fue la muerte de la estudiante María Luz Nájera, golpeada por un bote de humo lanzado por la policía. Y, para completar el dramático cuadro, ocurrió el sangriento asesinato de ocho abogados laboralistas y un conserje por parte de la extrema derecha mencionada. Los ocho abogados estaban vinculados al Partido Comunista y a Comisiones Obreras. Se esperaba una reacción violenta de la izquierda, pero se contuvo. La solidaridad de muchos españoles tomó su lugar. La matanza de Atocha dejó percibir a un Partido Comunista que no había caído en la trampa de la provocación y, tácitamente, su intención de pasar a la legalidad.

---

[122] Federación de Partidos Demócratas y Liberales, *Partido Demócrata*, *op. cit.*, p. 95.

El 27 de febrero Suárez inició sus primeras conversaciones con el Partido Comunista, mientras los liberales anunciaban una cumbre en Madrid. Desde el periódico *El País*, Garrigues aterrizó su idea de las libertades con minúscula. «Conservadores y comunistas hablan de la libertad en todos sus programas y manifiestos, pero sin decirlo le temen a las libertades individuales, a esas libertades concretas de todos los días»[123]. Escribía esto en medio de un panorama político aún oscuro. Cada día se hacían coaliciones que al siguiente desaparecían, y los oportunistas buscaban situarse en la *cresta de la ola*, como la llamó Garrigues. «En este país de tanto amateurismo hay muchos que se suben de casualidad a la cresta de la ola y olvidan a quienes luchan después de tantos años por hacerlo con cierta dignidad, honradez y profesionalidad»[124]. Hacía referencia a José María Gil Robles, a quien ponía como modelo a imitar en la brega política, pero también a sí mismo y a los compañeros que «llevamos algunos años en esta dura batalla»[125].

Joaquín estaba fatigado. La incertidumbre le creaba tensiones que disimulaba. La España de la Transición ponía a prueba temperamentos y caracteres. Hay que contar con la resistencia psíquica «que hace posible soportar las infinitas tensiones de la vida pública. Esa resistencia contra las adversidades, el infortunio, las insidias y provocaciones de toda suerte»[126]. Garrigues veía, por una parte, que el proyecto liberal para España estaba viciado por el trabajo insidioso del franquismo durante cuarenta años. Remontar esa imagen no era nada fácil. Los sondeos de opinión situaban a los liberales muy por debajo de las expectativas que

---

[123] Garrigues Walker, Joaquín, «Los liberales», *El País*, 19 de marzo de 1977.

[124] Garrigues Walker, Joaquín, «En la cresta de la ola», *El País*, 13 de marzo de 1977.

[125] Ídem.

[126] Garrigues Walker, Joaquín, «Los políticos de la resistencia», *Diario 16*, 15 de mayo de 1977.

se habían hecho tres años antes. Por otra parte, el futuro no parecía despejarse y eso convertía la lucha política en mayor tensión. Recordaba a John Kennedy que aguantó «en el poder fatigas sin límites»[127].

Observaba a Suárez «resistiendo, sin mucha aparente estructura física, la guerra de nervios de la reforma, en circunstancias que otros «matagigantes» no hubieran soportado»[128]. Había, pues, que templarse para seguir en la lucha: «La política exige hombres y mujeres capaces de resistir muchas horas sin sueño, mucho esfuerzo y fatiga, mucho tedio y rutina que se enmascara en la acción de todos los días. Pero tienen que hacerlo, además, sin perder el control de sus propios nervios, y si los pierden, sin aparentarlo. Porque la imagen del hombre público tiene que transmitir tranquilidad y serenidad por muy difíciles que sean los tiempos que se vivan»[129]. Garrigues era un buen actor y su imagen, a pesar de las tensiones, proyectaba autodominio y ponía el sentido del humor al servicio de la actuación.

Marzo fue el mes de los liberales. La prensa dedicó información extensa a la cumbre que se realizó en España. El periódico *El País* abrió espacio en las páginas editoriales a Joaquín Garrigues, al igual que *Diario 16* y *Cambio 16*. «En el triángulo que forman la persona, la sociedad y el Estado, los liberales damos prioridad a la persona. Es el Estado quien debe servir al individuo y no al revés»[130], precisaba el joven político, que era uno de los puntos de atracción de la gran Convención Liberal Europea.

«Los liberales de todas las Españas y extranjeros de fuera —como algunos dicen para que no haya dudas— nos hemos reunido en Madrid para dejar constancia de que existimos

---

[127] Ídem.
[128] Ídem.
[129] Ibíd., p. 89.
[130] Garrigues Walker, Joaquín, «Los liberales», *op. cit.*

como opción ideológica diferenciada»[131], expresó Garrigues. A la Convención Liberal Europea asistieron figuras destacadas, entre ellos, Gaston Thorn, primer ministro de Luxemburgo; el senador canadiense Richard Stenbury, en representación de Pierre Elliot Trudeau; y Hans-Dietrich Genscher, presidente del FDP, partido liberal de Alemania.

Pero las asambleas nacionales del Partido Demócrata Popular (PDP) y de la FPDL, que se celebraron conjuntamente en el Palacio de Congresos y Exposiciones de Madrid, dejaron ver que el entendimiento entre los grupos liberales estaba sujeto a fricciones e inquietudes. Uno de los escollos derivó de la preocupación de algunos partidos de la Federación por la integración al Centro Democrático, «al sacrificio que suponía para algunos aceptar unos principios programáticos comunes a los partidos derechistas»[132]. Otro escollo provino de la intervención de algunas voces regionales que llegaron a afirmar que el Centro Democrático era «puro franquismo renovado»[133].

La impoluta condición liberal y antifranquista de Garrigues se vio afectada. Camuñas tuvo que intervenir para apaciguar los ánimos, mientras Joaquín reconocía la tensión existente, pero valoró el resultado final, marcado por el acuerdo de avanzar juntos en el proceso electoral que sobrevendría. No era la primera vez que percibía el malestar entre algunos de sus copartidarios. A finales de enero, Areilza había viajado a Extremadura donde palpó la reticencia de los representantes de Garrigues con los que se entrevistó en Mérida. El Centro Democrático no convencía del todo a los liberales por el trasfondo franquista que cargaban a sus espaldas varios de sus dirigentes, incluido el

---

[131] Garrigues Walker, Joaquín, «Apuntes para un periódico liberal», *Diario 16*, 23 de marzo de 1977.

[132] Urigüen, Natalia, «La ayuda del Partido Liberal Alemán y la Friedrich-Naumman-Stiftung a sus homólogos españoles en la Transición», *op. cit.*, p. 347.

[133] Ídem.

propio Areilza. El suegro notaba ciertos aires de sorpresa cuando se dirigía a los seguidores de Garrigues.

Joaquín, que aprovechó la euforia liberal provocada por la llegada a España de los líderes de esa tendencia y la celebración de las asambleas nacionales liberales, tomó la palabra en *Diario 16* para hablar del mismo periódico, al que consideraba liberal y cuyo nuevo director era el periodista Miguel Ángel Aguilar. Señaló que «Para muchos rupturistas de la izquierda este es un periódico burgués. Para mí es simplemente el resultado de la iniciativa diaria de un grupo de hombres y mujeres que entienden la vida desde la óptica liberal. Ya sé que muchos de los que lo hacen son socialistas o están próximos a ese sector en sus diversas tendencias»[134]. A lo que agregó: «Pero aún así, el talante del periódico es liberal, no tanto, como digo, porque acepta la España pluralista como por el hecho de que la enfoca desde la óptica y con la perspectiva liberal»[135].

Fue, además, un guiño a su buen amigo Juan Tomás de Salas, creador de lo que alguien llamó la Factoría 16. Salas, de ideología liberal y fuerte opositor al régimen de Franco, abrió a Garrigues sus páginas editoriales desde muy temprano. Años después, el periodista Federico Isart, que trabajó para el grupo periodístico, expresó que el espacio de opinión en *Cambio 16* correspondía «al mundo civilizado entre Joaquín Garrigues Walker y Felipe González»[136]. El periodista José Luis González, del equipo de *Cambio 16*, escribiría tiempo después que en la trayectoria personal de Juan Tomás de Salas «tuvo una decisiva importancia el irresistible atractivo personal y político de una persona que

[134] Garrigues Walker, Joaquín, «Apuntes para un periódico liberal», *op.cit.*
[135] Ídem.
[136] García Martín, Juan Andrés, *Cambio 16 y la Transición española, una voz autorizada, op. cit.*, p. 174.

marcaría su futuro y hasta sus posiciones ideológicas»[137], el joven político Garrigues Walker.

Salas solía invitar a escribir a personalidades del Madrid selecto, entre ellos a su admirado Joaquín. Garrigues había atendido el consejo de su padre: cuidar a la prensa en todo sentido y jamás negarle un artículo, una rueda de prensa o una entrevista. Le recordaba a menudo que había que darle toda la importancia, como lo habían hecho los hermanos Kennedy, porque sin la prensa resultaba imposible lograr la difusión y proyección del liderazgo.

Joaquín también fue acogido por el periódico *El País*, un emblema de la transición a la democracia. A lo largo de su vida, fue su estrecho colaborador. El periodista Juan Luis Cebrián, la figura periodística más destacada del diario, lo recuerda así: «*El País* abrió las puertas a todos los grupos democráticos y de la oposición. Joaquín representaba la ideología liberal y pertenecía a una familia que siempre había sido liberal. Representaba la democracia liberal y, aunque una parte de la familia había colaborado con el franquismo, era de posiciones muy moderadas»[138].

La periodista Rocío Fernández Iglesias también daba cuenta en junio de 1979 de las relaciones de Joaquín con la prensa, «un mundo en el que el político cuenta con inmejorables amigos»[139].

Las depuradas invitaciones de Salas eran criticadas con alguna frecuencia, especialmente por algunos medios de comunicación. La revista *Hermano Lobo* llegó a sostener que *Cambio 16* estaba en manos de «aparatosos señoritos del cambio, antiguos alumnos del Pilar»[140]. El propio Salas

---

[137] Ibíd., p. 588.

[138] Conversación con Juan Luis Cebrián, Madrid, 23 de octubre de 2022.

[139] Fernández Iglesias, Rocío, Joaquín Garrigues: «La tv debe ser una ventana abierta a todos los españoles», *Teleradio*, 11 de junio de 1979.

[140] García Martín, Juan Andrés, *Cambio 16 y la Transición española, una voz autorizada, op. cit.*, p. 175.

era pilarista, como lo era Joaquín. El colegio de Nuestra Señora del Pilar, situado en el barrio de Salamanca, entre la calle Castelló y la calle del Príncipe de Vergara, y regentado por los marianistas, era el centro escolar de la élite madrileña, en cuyas aulas se mezclaban la burguesía y la nobleza. Cuenta Cebrián, él mismo pilarista, que al colegio «asistían los hijos de las clases pertenecientes a la tecnoestructura del Estado. Había muchos hijos de diplomáticos, de abogados del Estado, de altos funcionarios, que era la clase que entendía la estructura del Estado. En el colegio hubo muchas vocaciones políticas[141]».

Salas, precisa Miguel Ángel Aguilar, «tenía buenos accesos por su origen familiar y por sus compañeros de pupitre, pues recordemos que era pilarista, a las distintas capas en que estaba estratificado el régimen, desde las rocosidades del búnker hasta los campamentos del exterior»[142]. Esto le permitió al prestigioso periodista contar entre sus amigos y columnistas a exalumnos del colegio, como los hermanos Garrigues, Nicolás Sartorius, Ignacio Camuñas, Luis Solana o Luis María Ansón. Hubo una red pilarista durante la Transición que creó solidaridad entre sus miembros y reforzó los lazos sociales y políticos en torno a la España posfranquista. Figuras como Juan Antonio Ortega Díaz-Ambrona o Javier Rupérez también enriquecieron esa solidaridad marianista a lo largo de sus vidas públicas.

Los acontecimientos iban de prisa y corría el rumor de que habría elecciones generales antes del verano, en mayo o junio. Los diferentes grupos parecían sumidos en una caldera por las tensiones internas y los afanes por situarse correctamente en el arco democrático. Suárez, que cabalgaba

---

[141] Conversación con Juan Luis Cebrián, Madrid, 23 de octubre de 2022.

[142] García Martín, Juan Andrés, *Cambio 16 y la Transición española, una voz autorizada*, *op. cit.*, p. 117.

sobre el lomo de la popularidad, tenía en ascuas a los políticos al no dar señas concretas de su posible candidatura.

El marzo de los liberales caminó paralelamente al de los populares. Mientras Garrigues atendía los entresijos de los liberales, Areilza vivía momentos de estupor. Las palabras irónicas de Joaquín, tras el primer congreso del Partido Popular a comienzos de febrero al que fue invitado, parecieron premonitorias: «Lo mejor que puede esperarse de un congreso es que traiga como consecuencia la disolución del partido que lo convoca»[143]. No era para menos. El dramático calvario de Areilza había empezado. Se lo contó a su yerno en los últimos días de marzo cuando este le dijo que Suárez lo había citado a la Moncloa.

Suárez quería quitarse de encima a Areilza, pero quería quedarse con sus organizaciones políticas. Pocas horas antes del congreso del Partido Popular, el exministro atendió un llamado urgente de Pío Cabanillas, la otra cabeza de la organización política. Alterado, le dijo: «Tengo que ser yo el presidente y tú el vicepresidente»[144] del Partido, del Centro Democrático. Cabanillas le informó: «Han ocurrido cosas graves que ponen en peligro la existencia misma del partido y el futuro de la coalición de Centro Democrático. Se ha ejercido una presión durísima por parte de ciertos elementos del gobierno para que tú no seas la figura rectora oficial de la nueva organización»[145].

Durante la segunda jornada del congreso, se debía elegir el presidente. Rápidamente, cuando se mencionó a Cabanillas, Areilza aplaudió de forma clara y contundente. El exministro había cedido a las presiones de la Moncloa. Garrigues sabía lo que se cocinaba. De último, ante el auditorio lleno y ante los representantes de los ocho partidos que hasta ahora conformaban el Centro Democrático, habló.

---

[143] Areilza de, José María, *Cuadernos de la transición*, *op. cit.*, p. 95.
[144] Ibíd., p. 92.
[145] Ídem.

Expresó que esta coalición sería la única capaz de hacer la revolución, que era la de la libertad. Era un reconocimiento a su suegro, el gestor clave del centro político y cuyos últimos meses se había dedicado hasta la extenuación a recorrer el país entero. Areilza cerró su intervención con un claro mensaje a Suárez: pidió al gobierno que no lanzara «al Movimiento-organización a la lucha electoral»[146].

Al concluir el congreso, Garrigues y Areilza se encontraron. Fue cuando el yerno le dijo, «con su eterno cigarrillo, su mechón y su chispa irónica en los cristales de la mirada: «Lo mejor que puede esperarse de un congreso es que traiga como consecuencia la disolución del partido que lo convoca»»[147]. Pero Areilza aún no tiraba la toalla, al tiempo que reconocía en Garrigues al hombre más empeñado en darle forma a la coalición. Lamentaba que otros liberales, junto a los socialdemócratas y democristianos, no quisieran imprimirle un ímpetu dinámico al Centro Democrático. De hecho, el liberal Satrústegui se negaba a sumarse a la coalición.

En la penúltima semana de marzo, el gobierno enfiló de nuevo baterías contra Areilza. En una reunión en la casa de José Luis Ruiz Navarro, a la que obviamente no fue convocado el exministro, el vicepresidente de gobierno, Alfonso Osorio, según contó Cabanillas, les dijo después de la comida: «Adolfo Suárez está convencido de que Areilza quiere ser una alternativa para sustituirle como líder de la operación electoral centrista y que no trata de apoyar al gobierno. De modo que el dilema está bien claro. O estáis de acuerdo en seguir con Areilza y os olvidáis del apoyo del gobierno. O resolvéis la cuestión, eliminándolo, y entonces el soporte del gobierno será total»[148]. El líder del Centro Democrático

---

[146] Ibíd., p. 98.
[147] Ibíd., p. 95.
[148] Ibíd., p. 111.

cayó apesadumbrado, pero consciente de que tendría que reaccionar rápido.

Se marchó con Cabanillas a una cena con compañeros del Partido Popular. Al llegar al postre les dijo: «Suárez ha pedido mi cabeza. Debéis entregársela pidiendo por ella un alto precio. Puede haber muchas carteras, subsecretarías y direcciones generales en la contrapartida. En el autobús hacia la carrera de San Jerónimo debe haber plazas para todos»[149]. Cuando llegó a su casa, a las 11 de la noche, recibió una llamada: Suárez lo esperaba al día siguiente en la Moncloa.

Hablaron durante dos horas y media. Lo primero que le dijo el presidente fue que él no había encargado mensaje alguno a Osorio, sino había sido una interpretación personal. Le presentó excusas. Sabía a dónde iba: «No es bueno que aparezcamos peleándonos por el poder en los actuales momentos. Perjudica la imagen de ambos […] Tienes perfecto derecho a aspirar a la jefatura de gobierno y quizá con más mérito que yo»[150]. Suárez le comentó luego, con la intención de disuadirlo, que la campaña electoral sería atroz y «convendría que lo pensaras bien, para que te quedes intacto con vista a otras alternativas futuras»[151].

Poco a poco, con su destreza, el presidente empujaba hacia afuera a Areilza. Puso el dedo en la llaga cuando le dijo: «El Centro Democrático que habéis iniciado como coalición es una buena idea pero está mal realizada. No funciona debidamente por las rencillas e intrigas de sus componentes. Convendría que desaparecieran de él, de su Comité ejecutivo, los líderes de los partidos sustituidos por otros representantes de menor nivel. Y una vez hecho esto es preciso que el gobierno designe tres o cuatro personas

---

[149] Ibíd., p. 114.
[150] Ibíd., p. 115.
[151] Ídem.

de eficacia probada para que lo dirija técnicamente»[152]. Las palabras de Suárez no admitían duda: se tomaría el Centro Democrático, le quitaría funciones a su plana mayor y Areilza quedaría fuera del proyecto. Mientras hablaba, y sin cesar de fumar y beber cortados, le pareció al exministro que Suárez tenía «un paso juvenil y deportivo con algo de felino. Es un andar de pantera en cautividad»[153].

El presidente estaba convencido de que su magnetismo personal arrastraría en las elecciones al electorado centrista. Le expuso al interlocutor, además, un programa ordenado de gobierno, dirigido a impulsar la reforma constitucional, establecer un plan económico para combatir la crisis, definir los estatutos autonómicos, y emprender reformas en lo fiscal y en la administración pública. Le contó que hablaba a diario con los militares de alta graduación para tenerlos de lado de la Transición y de la futura legalización del Partido Comunista. Aún había pasado poco tiempo desde que un decreto del gobierno pusiera al jefe del Estado Mayor del Ejército bajo la dependencia política del ministro. Precisó, tal vez por ello, que la campaña electoral debía obviar referencias al franquismo «porque ello hiere todavía muchas susceptibilidades»[154].

Antes de marcharse, le apuntó directamente a la frente: «Si encabezas una lista, tendrás que dejarme el primer puesto y ello podría ser incómodo para los dos»[155]. Areilza sabía en qué posición estaba: o se sometía o se iba. Optó por lo segundo. Suárez tenía la popularidad, un buen programa de gobierno, una forma atractiva de ejercer el poder, controlaba la radio y la televisión y contaba con el apoyo de los gobernadores civiles para su estrategia electoral.

---

[152] Ibíd., p. 116.
[153] Ídem.
[154] Ibíd., p. 120.
[155] Ídem.

Areilza salió de la reunión con Suárez, a la que también asistió Cabanillas, que habló poco, y se marchó a redactar su carta de despedida a la directiva del Partido Popular. Habló luego con Joaquín Garrigues Walker. Lo animó a seguir su camino. En sus memorias, Areilza dejó un pronóstico casi matemático:

> Esos 150 o 200 diputados del Centro Democrático, que en gran parte serán incondicionales del presidente, pueden desmoronarse como formación unitaria si no los une más vínculo que el ejercicio y disfrute del poder durante los años que sean. Cualquier erosión o fracaso o retroceso podrá revelar la fragilidad del instrumento si no tiene apoyo o asentamiento firme en los electores de la base. Los ocho partidos hoy integrados en el Centro Democrático serán invitados a realizar el *hara-kiri*, voluntario, no bien se convoquen las elecciones próximas. Pero esos partidos tratarán de resurgir con su etiqueta propia en cuanto se pierda el manejo de la nave[156].

Fue su reflexión final del 22 de marzo de 1976.

Garrigues se reunió con Suárez. Dos hombres magnéticos, sumamente prácticos y dotados de una notable inteligencia se vieron cara a cara por un largo rato. Ambos, con sonrisa de galanes cinematográficos, portaban en sus rostros la señal de la atracción. Cebrián recuerda que «Joaquín era un gran seductor y era una característica de todos los Garrigues. Era una familia muy ilustrada y con un gran encanto personal, un encanto tanto para los hombres como para las mujeres»[157].

Suárez también gozaba de ese encanto personal. Era más afable que Joaquín, y Garrigues más tímido que Suárez. Coincidían en sus personalidades envolventes y en tener casi la misma edad. Hablaron de la situación nacional,

---

[156] Ibíd., p. 122.
[157] Conversación con Juan Luis Cebrián, Madrid, 23 de octubre de 2022.

y el presidente, con el interés de ganar al joven político, lo invitó a desplegar sobre la mesa su ideología liberal. Era una manera infalible de anticipar su deseo de alcanzar un acuerdo entre los dos. Garrigues, con solvente profundidad, le expresó el origen, las características y propiedades de su liberalismo.

*Joaquín Garrigues Walker en el tablao
«El corral de la Pacheca» en Madrid.*

El liberalismo heredado

Joaquín Garrigues Martínez, el abuelo paterno de Joaquín Garrigues Walker, nunca quiso que sus hijos fuesen a colegios públicos ni recibiesen educación religiosa, a pesar de sus convicciones católicas. Por ello contrató a un profesor particular, Saturnino López Peces, que se encargó de cubrir las necesidades mínimas de educación durante la primaria y el bachillerato. Trató de que la instrucción básica de sus hijos se mantuviese lo más apartada posible de la intervención del gobierno. Una decisión que solo podría provenir de alguien que pensara como liberal[158].

La enseñanza privada, concebida por Garrigues Martínez para sus hijos, era convencional, propia del sistema educativo que venía del siglo XIX. Compenetrado con el universo del Derecho y por tanto con la literatura jurídica, supo rodearlos de libros desde muy temprano y no dudó en acercarlos a obras filosóficas y políticas, que adquiría ocasionalmente en las librerías de Madrid, y que puso en casa a disposición de sus hijos[159].

Garrigues Martínez fue un intelectual para sí mismo. No se ocupó nunca de buscar prestigio público ni de obtener resonancia ideológica alguna. Se trataba de un funcionario de la administración de justicia, cuya actividad intelectual

---

[158] Conversación con Emilio Garrigues Díaz-Cañabate, Madrid, 3 de febrero de 2000.

[159] Ibíd.

privada se alimentó con la lectura de los escritores de su tiempo.

Inquieto por la idea de la decadencia que recorría a Europa tras el comienzo de la Primera Guerra Mundial, pregonada por Oswald Splengler, se empeñó en que sus hijos tuviesen criterios definidos sobre lo que ocurría en el continente y en la propia España. Una España confundida ya por la dictadura de Miguel Primo de Rivera, que buscaba signos alentadores en los primeros escritos de José Ortega y Gasset[160].

Garrigues Martínez se ocupó de que sus hijos se mantuviesen alejados de la política y trató, en cambio, de aproximarlos a los escenarios intelectuales que crearon los pensadores liberales tras la crisis del 98. En ese sentido, con una clara influencia orteguiana, el padre enseñó a sus hijos a preocuparse más por lo que constituía el liberalismo que por lo que representaba el concepto de democracia. La insistencia paterna estuvo dirigida a que sus hijos pensasen más en los límites y extensión del poder público que en su titularidad. Les inculcó la idea de que se deben respetar las diferencias. Y los animaba a entenderse con quienes pensaban distinto. Porque —decía— lo fácil es entenderse con quienes piensan lo mismo que uno[161].

Ese liberalismo elemental del padre adquirió luego nuevos contornos a través de sus hijos. Mientras Emilio, el menor de ellos, ingresaba al Instituto-Escuela, donde compartió sus primeras inquietudes críticas con los hijos de la élite intelectual madrileña, sus hermanos mayores, Joaquín y Antonio, entraron en contacto con compañeros liberales en la universidad, cuya amistad perduró a lo largo de sus vidas[162].

---

[160] Ibíd..

[161] Ibíd..

[162] Garrigues Díaz-Cañabate, Emilio, *Vuelta a las andanadas*, Madrid, 1989, p. 65.

Joaquín Garrigues Díaz-Cañabate, tras graduarse de la universidad, abrió su despacho profesional. Desde allí, poco a poco, con el estudio y ejercicio de la profesión, se dotó de claros elementos liberales. No en vano se convirtió en un innovador del derecho mercantil, área de la ciencia jurídica que regula el funcionamiento de las sociedades comerciales, y cuyo motor se pone en marcha por la iniciativa privada. Para el abogado madrileño, sin embargo, resultaba evidente, en la década del 30, que el liberalismo decimonónico estaba en quiebra, y, con respecto a la propia evolución de las sociedades anónimas, daba cuenta de una creciente penetración del Estado «no ya para proteger los derechos privados de los accionistas como punto de transacción entre el liberalismo y el intervencionismo, sino para incorporar la sociedad por acciones al organismo total de la economía pública»[163]. Pero ello no era óbice para que Joaquín se empeñase en conservar intacta la esencia empresarial: «Lo que hoy se intenta es conciliar la racionalidad del principio socialista con la autonomía del liberalismo, conservando de este, en lo posible, la valiosa iniciativa de empresa y el estímulo ligados al espíritu de lucro del hombre medio»[164].

Joaquín Garrigues Díaz-Cañabate marcó distancias con los hombres más críticos del intervencionismo de Estado, como los liberales Niceto Alcalá Zamora y Antonio Maura, cuando decía de ellos que faltaba en sus opiniones «la visión de la sociedad por acciones como órgano de la economía nacional que justifica y exige la intervención del Estado, no ya para proteger a los accionistas, sino para proteger a la empresa a veces contra los mismos accionistas»[165]. Esa posición, frente a la intervención del Estado, no alteró sin embargo su idea de preservar el fondo liberal de la cues-

---

[163] Garrigues, Joaquín, *Nuevos hechos, nuevo derecho de sociedades anónimas*, 1933, p. 36.
[164] Ibíd., p. 37.
[165] Ibíd., p. 50.

tión: «Esta insinuación creciente de los factores jurídicos públicos (consideración preferente del interés común, de la empresa misma después, y, en último término, del de los accionistas), no priva a la sociedad por acciones de su tradicional carácter de empresa privada fundada sobre la idea de lucro»[166].

El derecho le permitió a Joaquín Garrigues Díaz-Cañabate tener un claro criterio de la evolución histórica de los regímenes políticos y su reflejo en la constitución de las sociedades anónimas. Precisó cómo ese tipo de sociedades pasó de gobernarse primitivamente por el principio de desigualdad de los derechos sociales a un principio de carácter democrático, caracterizado por la igualdad de derechos entre los accionistas. Forma jurídica que luego, por la creciente injerencia del Estado, tomó fisonomía aristocrática, al restar valor al derecho de voto del accionista.

El despacho de Joaquín Garrigues Díaz-Cañabate se acreditó rápidamente y, como se ha dicho, a él ingresó su hermano Antonio, antes de la Guerra Civil, luego de haber ocupado la dirección general de los Registros y del Notariado del Ministerio de Justicia, bajo el gobierno provisional de la República de Alcalá Zamora, que se formó en 1931. Había entrado allí gracias a la amistad de su padre con Fernando de los Ríos, ministro de justicia durante la II República. Ese primer contacto directo con la política, en una situación de extrema fragilidad institucional, encuadrada por un rey que se marchaba de España, no lo dotó de partidismos ni de un férreo republicanismo: «Nunca pertenecí a partido alguno, ni de derechas ni de izquierdas, y nunca fui diputado. Pero fui republicano»[167], un republicano histórico, llevado a él por las circunstancias.

---

[166] Ibíd., p. 59.
[167] Garrigues y Díaz-Cañabate, Antonio, *Diálogos conmigo mismo, op. cit.*, p. 41.

Antonio Garrigues Díaz-Cañabate, a quien su padre enseñó que no había que preocuparse tanto por la titularidad del poder como por los límites a la hora de ejercerse, aceptó prontamente la institución monárquica. Consideró que ella ofrecía estabilidad y seguridad, y llegó a constituir un grupo pro-monarquía, que seguía a Juan de Borbón, en los tiempos más antimonárquicos del franquismo. No fue, sin embargo, un monarquismo recalcitrante.

El retorno al ejercicio de la abogacía, al finalizar la Guerra Civil, lo recondujo al encuentro con la legislación que enmarcaba el funcionamiento de las empresas españolas y extranjeras. De nuevo, como le había ocurrido a Joaquín, su liberalismo se vio reforzado por la experiencia profesional, que lo llevó a mantener una clara posición ideológica, con características semejantes a las de su hermano mayor:

> Si por liberal se entiende considerar la libertad como uno de los principales generadores de todo sistema político que merezca este nombre, lo soy absolutamente. Si por liberal se entiende un liberalismo político y económico 'more' decimonónico, no lo soy[168].

Es muy probable que ese liberalismo expuesto por los hermanos Garrigues no fuese el resultado del conocimiento de las teorías económicas de John Maynard Keynes, sino producto de los desarrollos de algunos juristas y escuelas jurídicas que, desde la primera conflagración mundial, justificaron una mayor intervención del Estado. Debió haber sido más una convicción a partir de la crisis de la idea liberal en el derecho mercantil que de posiciones emergentes por la vía de la economía keynesiana. El jurista alemán Karl Geiler habría sido uno de los más influyentes teóricos en las concepciones liberales de Joaquín y Antonio Garrigues Díaz-Cañabate.

---

[168] Ibíd., p. 26.

La ideología de Antonio Garrigues transitó luego más allá del puro influjo jurídico para dotarse de elementos que provenían de la doctrina católica, consecuente con su práctica religiosa. Fue así como Garrigues, católico liberal, incorporó el concepto encíclico de subsidiaridad para señalar los límites del Estado dentro de la economía. Lo hizo de manera menos ortodoxa, con menor rigidez que la propia Iglesia, que había afirmado que la función de subsidiaridad del Estado debía entenderse no como complementaria o secundaria, sino literalmente como *subsidium*, como «idea total de servicio completo, continuado y perfecto al hombre»[169]. La formación liberal que dio Garrigues a sus hijos lo llevó, incluso, a afirmar que existía entre la familia una concepción medular del sistema económico de la libre empresa:

> En lo que sí creo que coincidimos los Garrigues es en el sistema económico de libre empresa, basado en la actividad productora privada, sin perjuicio de admitir la intervención del Estado en aquellas zonas y servicios que el bien público requiera, según la fórmula de la subsidiaridad de que un orden superior no haga lo que puede hacer un orden inferior.
>
> Ello significa socializar cuando sea necesario, pero sin que el Estado invada los terrenos inalienables del hombre, sus derechos esenciales. Y ahí, en la base de la personalidad humana, con todas las limitaciones que se quiera, como su sustento y su peana, está la propiedad privada. Pero el capitalismo especulativo, con exclusivo afán de lucro, que no tiene en cuenta los intereses de la comunidad, que burla egoístamente la justicia fiscal distributiva, ese capitalismo ha hecho su tiempo. Ya no puede prevalecer[170].

---

[169] Fraile Balbín, Pedro, *La retórica contra la competencia (1875-1975)*, Madrid, 1998, p. 185.

[170] Garrigues y Díaz-Cañabate, Antonio, *op. cit.*, p. 30.

Aunque nunca dudó del papel que representa la sociedad para la realización humana, Antonio Garrigues Díaz-Cañabate puso en claro su convencimiento del valor de la individualidad, que asociaba a la creación de riqueza. «Crear riqueza, como cualquier otra creación, y como todo lo humano, solo tiene sentido y puede realizarse en el seno de la sociedad; pero reconocido esto, hay que añadir que es siempre, siempre, una obra individual»[171].

Ese individualismo se hizo patente en el proceso formativo de sus hijos. También les inculcó el valor de la competencia. Se empeñó en que sus hijos luchasen y trabajasen por ocupar una posición en la sociedad, y creó, en el propio hogar, condiciones para que compitiesen entre ellos mismos. «Mi padre —concluye Antonio Garrigues Walker, el hermano menor de Joaquín— nos dio una educación claramente liberal»[172].

Joaquín Garrigues Walker, desde sus primeros artículos aparecidos en 1969 en el diario *ABC*, mostró habilidad para escribir. Se comunicaba con sus lectores limpia y directamente. Exhibía una redacción clara, constantemente punteada al estilo anglosajón, que permitía observar con facilidad la inteligencia y serenidad de sus mensajes. Sus construcciones gramaticales eran pulcras, y resultaba evidente que tenía dominio de la palabra escrita. Y era consciente de ello. Incluso antes de morir, con el humor que lo caracterizaba, le propuso a su suegro, José María de Areilza —quien había ganado en 1941 el Premio Nacional de Literatura—, redactar la nota necrológica porque se consideraba mejor escritor que él.

También era consciente de que escribir legiblemente representaba una virtud: «A mi modo de ver, la principal

---

[171] Ídem.

[172] Conversación con Antonio Garrigues Walker, Madrid, 2 de marzo de 2000.

virtud de un escritor»[173]. Y no dudaba en criticar a quienes no lo hacían así: «Muchos economistas, profesores y expertos, que escriben en los periódicos sobre temas de su competencia se pierden frecuentemente en tal grado de disquisiciones técnicas que los ciudadanos de a pie renuncian a su lectura para no añadir confusión a las preocupaciones de sus vidas diarias»[174].

La larga tradición liberal, que venía desde su abuelo, quedó explícita en los escritos periodísticos que comenzaron a ser publicados sobre todo desde comienzos de la década del 70. Es así como se torna constante en ellos la defensa del sistema capitalista:

> Aquí el primer problema consiste en ponerse de acuerdo sobre el sistema político. ¿Capitalismo? ¿Socialismo? Planteado en estas dos alternativas, el problema tiene difícil solución. O mejor dicho, la elección entre estos dos «ismos» produciría actitudes irreconciliables. Puede argumentarse que queda la vía intermedia entre el capitalismo y el socialismo. Pero esa fórmula que pretende ser la síntesis ideal se convierte, con frecuencia, en un híbrido, donde florecen los privilegios y las situaciones monopolistas[175].

Y agregó, en ese mismo artículo, lo siguiente:

> El Estado no se limita a intervenir toda la economía nacional. ¿Se acuerda usted de Adam Smith? Aquel que pedía un Estado neutro, árbitro únicamente de los intereses privados en juego. Pues bien, además de intervenirlo casi todo, el Estado se ha convertido también en nuestro país en el primer empresario[176].

---

[173] Pascual, Julio, *Economía de mercado...y otras cosas*, Madrid, 1978, p. 8.
[174] Ídem.
[175] Garrigues Walker, Joaquín, «*Capitalismo*», en *Joaquín Garrigues Walker, Perfil humano y político*, Madrid, 1977, p. 52.
[176] Ibíd., p. 53.

Esa extrema penetración del Estado, a la que crítica-mente se ha referido Garrigues Walker, no significaba en manera alguna que excluyese por completo la intervención del Estado. En la misma línea que su padre, se apartaba del Estado liberal decimonónico:

> Porque ¿qué duda cabe que el Estado neutral y aséptico, que según la filosofía liberal debería permanecer al margen de los intereses económicos y del juego político, es en nuestros días una pieza de museo? Esa clase de Estado es ciertamente inconcebible en nuestros días. Ni los teóricos liberales más contumaces se atreven en nuestra época a justificar la presencia de ese Estado neutral. Hoy el Estado burgués es sinónimo de decadencia y refugio de trasnochados[177].

Y también, como parte de ese liberalismo heredado, Garrigues defendió el principio de subsidiaridad: «Existe entre los políticos y los economistas el convencimiento de que el principio de subsidiaridad está superado y la empresa pública no debe limitarse a actuar con ese carácter»[178].

Pero Joaquín Garrigues no se detuvo exclusivamente en el liberalismo económico, en señalar las virtudes del sistema de libre empresa. Persuadido por la necesidad de hallar una salida al régimen franquista, se declaró rápidamente demó-crata, e integró este concepto a la filosofía liberal:

> El capitalismo como sistema económico y la democracia como forma de gobierno nacen y viven juntos en la historia de Europa impulsados por un mismo motor que no es otro que la filosofía liberal.

---

[177] Garrigues Walker, Joaquín, «El Estado y los grupos de presión», en *Apuntes sobre el Estado y la sociedad democrática*, Madrid, 1976, p. 77.

[178] Garrigues Walker, Joaquín, «El Estado y la iniciativa privada en España», en *Apuntes sobre el Estado y la sociedad democrática*, Madrid, 1976, p. 94.

Cuando se produce el divorcio entre ese sistema de gobierno y el sistema económico liberal, se produce tanto en uno como en otro, un desequilibrio que rompe necesariamente los ejes de lo que ha venido en llamarse Estado de Derecho[179].

Poco tiempo después aseguró:

Este sistema económico y esa forma de organización política son a su vez producto de la filosofía liberal, que es aquella que entiende, en muy pocas palabras, que la libertad del hombre está más protegida cuando el poder, tanto el político como el económico, está más dividido, más compartido[180].

No oculta esta definición de liberalismo el peso contundente del legado de sus antepasados, cuya descripción familiar siempre estuvo asociada a los límites de ejercicio del poder público.

Joaquín Garrigues Walker también recurrió al derecho para explicarse ideológicamente:

El profesor Garrigues —perdón por la en este caso inevitable cita familiar— nos decía a los estudiantes de Derecho que 'uno de los datos característicos de la estructura general de toda sociedad anónima es el de ser una sociedad regida democráticamente'. Afirmación que suscribe la doctrina más autorizada. Y así también el profesor de Derecho Mercantil Manuel Broseta, discípulo aventajado ayer de Garrigues y hoy maestro en la materia, asegura que 'existe un curioso paralelismo entre las estructuras políticas de los países de régimen democrático'. Lo cual se comprende, continúa Roseta, si tenemos en cuenta que toda sociedad anónima posee unos

---

[179] Ibíd., p. 97.
[180] Garrigues Walker, Joaquín, «Burguesía», en *Joaquín Garrigues Walker, Perfil humano y político, op. cit.*, p 50.

estatutos que actúan como ordenamiento constitucional, un órgano deliberante supremo y un órgano ejecutivo; que todos sus accionistas poseen un haz de derechos individuales inderogables; que sus decisiones se adoptan por el democrático sistema de las mayorías, decisiones que son vinculantes para las minorías; que en la sociedad anónima se establece un régimen de tutela para las minorías y que, finalmente, se permite el control judicial de los acuerdos del órgano deliberante supremo de la sociedad anónima[181].

Al liberalismo heredado por Joaquín Garrigues Walker se sumó luego un conjunto de ideas aprendidas, ampliadas y ajustadas al contexto social y político que le correspondió vivir. No bastaba, pues, el legado de una tradición. Garrigues Walker, ideológicamente, fue mucho más allá que sus antepasados. No solo solidificó y estructuró su propio pensamiento sino lo proyectó públicamente como ninguno de su familia lo había hecho hasta entonces. Era un convencido del poder de las ideas y de su capacidad transformadora.

[181] J. Garrigues Walker, «Democracia», en *Joaquín Garrigues Walker, Perfil humano y político, op. cit.*, p. 62.

Joaquín Garrigues Walker conversa animadamente con dos compañeras de andadura política.

El liberalismo aprendido

En la década del 50, en pleno apogeo del franquismo, algunos estudiantes de escuelas superiores y universitarias, sobre todo pertenecientes a la burguesía liberal, encontraron en las obras de José Ortega y Gasset una puerta que les conducía optimistamente al conocimiento de la modernidad. «Leer a Ortega constituía un paso decisivo hacia la independencia personal»[182], hacia la independencia intelectual, dentro de medio político y cultural que le era francamente hostil al liberalismo. «Habíamos leído, por descontado, a Salvador de Madariaga —afirma Antonio Garrigues Walker—. Habíamos leído, por descontado, a Ortega. Sobre todo a Ortega. Más a Ortega que a Madariaga. Y ahí empieza todo»[183].

En el invierno de 1970, a los 36 años, Joaquín Garrigues Walker, aún en el sector privado, pronunció una conferencia en el Club Pueblo de Madrid, cuyo texto fue publicado años después. Fue allí donde, por primera vez, dio a conocer ampliamente su concepción liberal del Estado. El contenido de su disertación refleja una nítida influencia de Ortega y Gasset, de quien toma elementos que el filósofo

---

[182] Gray, Rockwell, *José Ortega y Gasset, El imperativo de la modernidad*, Madrid, 1994, p. 370.

[183] Conversación con Antonio Garrigues Walker, Madrid, 2 de marzo de 2000.

había desarrollado en el capítulo *El mayor peligro, el Estado*, de su libro *La Rebelión de las Masas*.

Para Ortega, «En nuestro tiempo, el Estado ha llegado a ser una máquina formidable que funciona prodigiosamente, de una maravillosa eficiencia por la cantidad y precisión de sus medios»[184]. Para Garrigues Walker, el «Estado moderno, en cualquier sistema de gobierno, se ha convertido en una máquina de poder. Todas sus decisiones son benéficas para el pueblo y todo lo que hace lleva el sello de la perfección»[185].

En referencia al origen y evolución del Estado, Ortega sostiene que el hombre-masa «no tiene conciencia de que es una creación humana inventada por ciertos hombres...»[186]. Garrigues, por su parte, afirma que «como tantas otras fórmulas humanas, aquel Estado liberal ha terminado sucumbiendo a manos de la misma sociedad que lo había creado»[187].

Con respecto a la omnipotencia del Estado dice Ortega:

> Imagínese que sobreviene en la vida pública de un país cualquiera dificultad, conflicto o problema: el hombre-masa tenderá a exigir que inmediatamente lo asuma el Estado, que se encargue directamente de resolverlo con sus gigantescos e incontrastables medios[188].

Y continúa más adelante:

> Cuando la masa siente alguna desventura o, simplemente, algún fuerte apetito, es una gran tentación para ella esa permanente y segura posibilidad de conseguir todo —sin

---

[184] Ortega y Gasset, José, *La rebelión de las masas*, Madrid, 1999, p. 165.

[185] Garrigues Walker, Joaquín, «El Estado moderno y los grupos de presión», *op. cit.*, p. 68.

[186] Ortega y Gasset, José, *La rebelión de las masas*, *op. cit.*, p. 165.

[187] Garrigues Walker, Joaquín, «El Estado moderno y los grupos de presión», *op. cit.*, p. 77.

[188] Ortega y Gasset, *La rebelión de las masas*, *op. cit.*, p. 166.

esfuerzo, lucha, duda, ni riesgo— sin más que tocar el resorte y hacer funcionar la portentosa máquina[189].

Por su parte, argumentó Garrigues:

> [...] Se da la circunstancia de que a la vez que el Estado acrecienta su poder, se generaliza una actitud entre los ciudadanos que confiamos más y más en la omnipotencia del Estado. Esperamos que el Estado nos resuelva los problemas y las dificultades con que hemos de enfrentarnos cada día. En virtud de esta disposición de ánimo que se generaliza hemos contribuido todos a convertir al Estado en el padre de la Patria. Él es el benefactor de todas nuestras satisfacciones y el culpable de todos nuestros desengaños y desgracias[190].

Frente a lo que traduce el Estado contemporáneo, Ortega concluye: «Este es el mayor peligro que hoy amenaza a la civilización: la estatificación de la vida, el intervencionismo del Estado, la absorción de toda espontaneidad social por el Estado»[191].

Para Garrigues el significado no era diferente:

> El problema en nuestro tiempo no es el absentismo del Estado, sino precisamente todo lo contrario. Lo que preocupa hoy al ciudadano de un país occidental cualquiera —y no digamos al de un país totalitario— es la omnipotencia del Estado. Sus enormes recursos y su inmenso poder[192].

Para ambos la creciente intervención del Estado representa una realidad y un proceso. Ortega afirma que «el resultado de esta tendencia será fatal»[193]. Y Garrigues precisa

---

[189] Ídem.
[190] Garrigues Walker, Joaquín, «El Estado moderno y los grupos de presión», *op. cit.*, p. 78.
[191] Ortega y Gasset, *La rebelión de las masas, op. cit.*, p. 166.
[192] Garrigues Walker, Joaquín, «El Estado moderno y los grupos de presión», *op. cit.*, p. 78.
[193] Ortega y Gasset, José, *La rebelión de las masas, op. cit.*, p. 166.

que «Se trata de constatar un hecho y, lo que es más importante, una tendencia»[194].

En torno a la relación entre individuo y Estado se interroga Ortega: «¿Cómo no temer que bajo el imperio de las masas se encargue el Estado de aplastar la independencia del individuo, del grupo, y de angostar así definitivamente el porvenir?»[195].

Y Garrigues también se cuestiona:

> Cabe preguntarse si la batalla entre el individuo y el Estado no está perdida de antemano. Porque, como digo, el problema no radica en lo que está pasando, sino en que esta evolución no tiene trazas de terminarse. Por el contrario, todos los síntomas hacen presumir que el Estado continuará aumentando su poder de forma progresiva[196].

Ahí no termina todo. Para Garrigues, las opiniones de Ortega constituyeron en diversas oportunidades un respaldo a sus pronunciamientos escritos. La concepción liberal de orden público, de orden dentro del Estado, contrario al defendido por un régimen totalitario, era en Garrigues de fuerte inspiración orteguiana. Así lo expresó Garrigues: «El orden, dijo Ortega, no es una presión que desde fuera se ejerce sobre la sociedad, sino un equilibrio que se suscita en su interior. Porque el orden impuesto por la coacción y el temor es siempre precario y temporal»[197]. Una idea que Garrigues también utilizó para explicar luego, durante la transición democrática, la construcción del marco constitu-

---

[194] Garrigues Walker, Joaquín, «El Estado moderno y los grupos de presión», *op. cit.*, p. 78.

[195] Ortega y Gasset, José, *La rebelión de las masas*, *op. cit.*, p. 168.

[196] Garrigues Walker, Joaquín, «El Estado moderno y los grupos de presión», *op. cit.*, p. 80.

[197] Garrigues Walker, «Violencia», en R. Pi, *Joaquín Garrigues Walker, Perfil humano y político*, *op. cit.*, p. 91.

cional. Para explicar cómo la sociedad configura el orden desde su interior, espontáneamente, y no a golpe de leyes y decretos. Ortega también apareció en la explicación que la Federación de Partidos Demócratas y Liberales —FPDL— daba acerca de su ideología. En ella se recurrió al filósofo para hacer la distinción conceptual entre liberalismo y democracia:

> No hay que olvidar que liberalismo y democracia son dos términos que, en sí, responden a dos cuestiones diferentes. 'Democracia' alude al 'quién' gobierna, mientras 'Liberalismo' lo hace al 'cómo' se gobierna. Como señala Ortega: 'La democracia responde a esta pregunta, ¿quién debe ejercer el poder político? La respuesta es la colectividad de los ciudadanos. El liberalismo, en cambio, responde a esta otra pregunta, ejerza quien ejerza el poder público, ¿cuáles deben ser los límites de este?'. La respuesta es de este tenor, 'el poder público, ejérzalo un autócrata o el pueblo, no puede ser absoluto, sino que las personas tienen unos derechos previos a toda injerencia del Estado'[198].

Hasta 1975 su pensamiento liberal expresaba la necesidad de contar con un Estado que no fuese neutral, diferente a aquel que defendió el liberalismo durante el siglo XIX. Pero, a la vez, consideraba problemática la omnipotencia del Estado, que se manifiesta a través de una concentración de poder económico y político.

Admitía que el Estado actuase como empresario, pero, «si esa organización empresarial que llamamos Estado funcionase en pie de igualdad con las restantes entidades económicas privadas del país, las posibilidades de con-

---

[198] Pi, Ramón, *Joaquín Garrigues Walker, Perfil humano y político, op.cit.*, p. 101.

trarrestar su poder e influencia serían sustancialmente menores»[199].

Le inquietaba, sin embargo, que en ningún país fuesen claros los límites de actuación de la empresa pública. Creía necesario, por tanto, mantener como referente el principio de subsidiariedad. Y persistía en la idea asociativa de que «Otra cosa que se olvida con frecuencia es que la democracia como forma de gobierno y el sistema económico de la libre empresa nacieron juntos y desde entonces funcionan de forma integrada en los países occidentales avanzados»[200].

Poco después de que Garrigues y Julio Pascual se conocieron en 1975, este último le regaló un libro, publicado por Unión Editorial, la naciente empresa que él orientaba. El libro llevaba por título *Los fundamentos de la libertad*[201], una obra de más de quinientas páginas en letra menuda, escrita por Friedrich Hayek, un economista austríaco que había ganado el Premio Nobel de Economía el año anterior, en la misma semana en que Garrigues Walker había anunciado formalmente su ingreso a la política.

El libro de Hayek —dice Pascual— fue para él un gran hallazgo. Le cambió la densidad intelectual y el rigor del análisis. Lo leyó veces y veces. Lo miraba y no paraba de mirarlo. Aunque luego leyó y consultó muchas otras obras de Hayek, *Los fundamentos de la libertad* se convirtió en su fuente de inspiración.

La influencia de Hayek se hizo sentir prontamente. Al año siguiente, Garrigues Walker publicó un libro cuyo contenido aparece claramente inspirado por el pensador austriaco. Hayek es citado allí más veces que cualquier otro autor, y *Los Fundamentos de la libertad* constituyen la columna vertebral del trabajo. En esa obra sintética, titulada

---

[199] Garrigues Walker, Joaquín, «El Estado moderno y los grupos de presión», *op. cit.*, p. 84.

[200] Garrigues Walker, Joaquín, «Burguesía», *op. cit.*, p. 50.

[201] Conversación con Julio Pascual, Madrid, 23 de marzo de 2000.

Qué es el liberalismo, que no supera las ochenta páginas, Garrigues revela una concepción ideológica estructurada, apoyada por constantes referencias históricas y dotada de asombrosa lógica.

Garrigues, en este libro, conserva intacta su anterior idea asociativa entre democracia y economía de mercado, como partes integrantes de la filosofía liberal:

> El liberalismo es el conjunto de ideas y actitudes que hicieron posible la construcción del Estado de Derecho —tal como hoy se conoce en los principales países del mundo occidental— basado en la democracia como forma de gobierno y en el sistema de iniciativa privada[202].

Enfático en la idea, ahora apoyado en citas de Hayek, expresó:

> No es casualidad que 'en el famoso pleito de los Monopolios un tribunal británico sentenciase que la concesión del privilegio exclusivo para la producción de un artículo iba contra el derecho común y la libertad del ciudadano'. Porque ya entonces —1603— 'la exigencia de leyes iguales para todos los individuos se convirtió en el arma principal del Parlamento frente a los deseos reales'. En esta actitud del Parlamento británico, en esa sentencia de los tribunales ingleses, descansa el principio liberal de que las libertades son indivisibles. De que no hay, en definitiva, una libertad política distinta de la económica. Si a ello se añade que cuando Carlos I de Inglaterra intentó 'nacionalizar la industria del carbón pudo ser disuadido al convencérsele que ese acto podría dar lugar a una rebelión' se comprenderá hasta qué punto, desde su génesis, están vinculados el sistema de gobierno democrático y el sistema económico de libre empresa[203].

---

[202] Garrigues Walker, «Burguesía», *op cit.*, p. 50.
[203] Ibíd., p. 20.

Aunque Garrigues había mencionado el Estado de derecho en ocasiones anteriores, en esta obra adquiere relevancia inusitada, producto de la influencia de Hayek. El pensador austríaco, en *Los fundamentos de la libertad*, no sólo le dedica ocho de veinticuatro capítulos, sino que constituye una de las piezas centrales de su pensamiento liberal. Garrigues se refirió así al Estado de derecho:

> La consolidación del Estado de derecho, en la forma embrionaria en que se conoció a lo largo del siglo XIX hizo posible una serie de presupuestos que son hoy garantía de las libertades individuales y colectivas tal como se aplican en las democracias contemporáneas.
>
> Porque es precisamente ese modelo de Estado el que ha consagrado la doctrina de separación de poderes y ha establecido los requisitos y garantías mínimas del imperio de la ley. El principio 'nullum crimen nulla poena sine lege' es el primero de ellos pero no el único. 'El imperio de la ley presupone, desde luego, que esta emane de la autoridad legislativa pero ello de por sí no es suficiente'. Es necesario además que esa ley sea 'conforme a unos ciertos principios', porque si una ley concede al gobierno poder ilimitado para actuar a su gusto todas sus acciones serán legales pero no encajan ciertamente dentro del Estado de derecho[204].

Garrigues critica que España haya aportado poco a la construcción del Estado de derecho y explica que ello se debió a una larga ausencia de liberalismo real:

> El liberalismo del siglo XIX fue 'minoritario y selecto'. Y si bien es cierto que las ideas liberales de la Revolución francesa, contestatarias de la Corona, penetraron en el país y que las Cortes de Cádiz iniciaron el constitucionalismo liberal, tan

---

[204] Ibíd., p. 26.

prolífico durante este siglo, hay que reconocer que esas ideas no pudieron nunca consolidarse en nuestra geografía.

Es por ello que la democracia como forma de gobierno estable y el sistema de iniciativa privada —tal como una y otra se conocieron en Europa a lo largo del siglo XIX— brillaron en nuestro país por su ausencia. Las nuevas fuerzas sociales no acabaron nunca de romper los estamentos del antiguo Régimen. El Ejército, los terratenientes, la nobleza y el clero siguieron de hecho gobernando y condicionando la vida pública. Las clases medias —la nueva burguesía de Europa— no tuvieron en nuestro país ni el peso ni la autoridad suficiente para romper el equilibrio de fuerzas, el orden intelectual del Estado que encarnaba la monarquía tradicional[205].

Y, en desarrollo de su argumento, continúa más adelante:

La inestabilidad social y política que, después de infinitas revoluciones y levantamientos, nos conduce a la guerra civil en 1936 es consecuencia de un clima intelectual, de un 'orden' político y de un sistema económico que no llegaron nunca a ser liberales.

[…] La verdadera revolución de las clases medias no se ha producido hasta los últimos años del régimen de Franco. A ello han contribuido la estabilidad impuesta por la dictadura, la prosperidad de Europa que ha hecho posible la emigración de la mano de obra sobrante y el turismo masivo hacia España. El precio de todo ello ha sido la libertad. Y el liberalismo, la ideología más atacada durante ese largo periodo[206].

De conformidad con lo expuesto por Hayek en *Los fundamentos de la libertad*, precisó los alcances y límites de la intervención del Estado:

---

[205] Ibíd., p. 28.
[206] Ídem.

La economía de mercado exige el respeto a sus leyes y estas no pueden modificarse o alterarse arbitraria y caprichosamente. La ley de mercado, la definición del marco de las actividades del sector público y privado, los límites del derecho de propiedad, la regulación de la huelga y despido son, entre otras varias, reglas que no pueden modificarse arbitrariamente sin desvirtuar al sistema basado en la propiedad privada. La intervención del estado de derecho en el sistema económico capitalista no es pues una intervención discriminada. Por ello, cuando una intervención estatal ignora los mecanismos y las leyes del sistema de iniciativa privada, las consecuencias son inseparables. Porque el riesgo de esta intervención no es otro, en definitiva, que el que resulta del ejercicio del poder y más particularmente del poder político. Toda intervención de esta naturaleza requiere siempre, en una sociedad democrática, una reglamentación general que se aplique sin excepción y que fije de forma inequívoca sus propios límites. El riesgo para el gobernado surge cuando esta intervención del poder público es arbitraria o casuística[207].

Según Garrigues, «lo que el Estado no debe hacer nunca es competir en régimen de privilegio —amparado en exenciones fiscales, bonificaciones arancelarias, derechos de importación, etc.— con la empresa privada»[208].

Ello, por supuesto, lo conduce al principio de subsidiaridad donde modifica la posición expuesta dos años antes, en 1974, con lo cual se aleja del argumento defendido por la tradición familiar, para asumir así una concepción enteramente hayekiana:

La tesis de mayor crédito durante algunos años fue la del carácter subsidiario de la participación del Estado en la vida

---

[207] Ibíd., 39.
[208] Ibíd., p. 57.

económica, según la cual éste participará únicamente allí donde la actividad privada o bien no contará con los medios suficientes para llevarla a efecto, o bien la actividad en cuestión careciera de los alicientes de rentabilidad necesarios para despertar el interés de los particulares. Es indudable, sin embargo, que el carácter de subsidiaria entra en el campo de las materias que requieren constantemente una interpretación. Y no es menos indudable que el Estado puede, al amparo de una interpretación generosa de ese carácter, tratar de justificar esa participación en actividades que directamente podría realizar el sector privado. Como de hecho ocurre en muchas ocasiones, ha de tenerse prevista una normativa que vincule al Estado para que su participación en la vida económica no dé lugar a arbitrariedades[209].

Frente al tema de la planificación estatal, Garrigues no contradice los planteamientos de Hayek y considera que es innecesaria y contraproducente.

En materia de gasto público, coincide con Hayek en que, si éste está dirigido a mejorar la suerte de las personas peor tratadas por la fortuna, no se corrige la desigualdad y, en cambio, le otorga al Estado un carácter paternalista ajeno a la verdadera democracia, protector de las situaciones de privilegio.

Pero marca con Hayek una diferencia radical en cuanto a la política tributaria. Mientras para Garrigues los impuestos deben pagarse en forma progresiva en razón de rentas y patrimonios, con el objeto de reducir los contrastes sociales, Hayek está persuadido de que el impuesto progresivo, carente de soporte científico y basado en postulados innegablemente políticos, «implica una abierta invitación a la discriminación, y lo que es peor, a que la mayoría discri-

---

[209] Ibíd., p. 56.

mine contra la minoría, con lo que el supuesto deseo justicialista se traduce en pura arbitrariedad»[210].

Con respecto a los monopolios, como consecuencia de los desequilibrios en el mercado, Garrigues también se distancia de Hayek. Para el economista austríaco, según explica en *Los fundamentos de la libertad*, los monopolios constituyen un problema menor, y considera que se resolvería si se estimulase la competencia. Garrigues, en este caso, se orienta, en cambio, por Paul Samuelson, Premio Nobel de Economía en 1970, y por John Kenneth Galbraith, quienes se muestran partidarios de aplicar una fuerte legislación antimonopolista. Afirma Garrigues que «No hay, pues, regla fija aplicable para combatir las innumerables formas de monopolio. La única regla es la de combatirlos, pues en otro caso lo que se destruye es el mercado y con él, el sistema que confía precisamente al mercado la determinación del precio justo»[211].

En su libro, Garrigues se refiere largamente a Keynes, cuya «tesis nos viene a decir que el capitalismo requiere el control, o mejor dicho la intervención, de una autoridad superior que no puede ser otra que la del Estado»[212]. Tesis con las que Hayek discrepa ampliamente, al considerar que el empleo de la política monetaria, diseñada por Keynes, trae como consecuencia problemas inflacionarios. Garrigues entiende que el economista inglés lo que hace «es encontrar los mecanismos de intervención estatal 'sin violentar excesivamente' las leyes que rigen una economía de empresa. En otras palabras, lo que hace es definir las normas de actuación del Estado, su esfera de competencia, la razón de ser de esa intervención»[213].

---

[210] Hayek, F.A., *Los fundamentos de la libertad*, Madrid, 1988, p. 418.
[211] Garrigues Walker, Joaquín, *Qué es el liberalismo*, *op.cit.*, p. 46.
[212] Ibíd., p. 50.
[213] Ibíd., p. 52.

En cuanto al sindicalismo, Garrigues fija su propia posición que, aunque no difiere mayormente de la de Hayek, no llega a profundizar en las distorsiones que, según el economista austríaco, puede provocar una interpretación arbitraria y privilegiada del derecho de asociación. Para Joaquín, «el sindicalismo se desarrolló hasta su configuración actual sobre las bases de la libertad de sindicación y representatividad de sus órganos gestores manteniendo siempre su independencia de acción con respecto al poder político. Este es el sindicalismo de una sociedad democrática cualquiera y este es el sindicalismo que exige hoy el equilibrio de un sistema de auténtica iniciativa privada[214]». La verdadera democracia no se concibe sin sindicatos.

Garrigues sabía que el proyecto ideológico del liberalismo había sido constantemente interrumpido en la historia reciente de España. Sus ideas, que denotaban una fuerte influencia de Friedrich Hayek pero que a la vez contenían algunos elementos heterodoxos, eran desafiantes para la estructura política dominante. Aunque ya transcurría el segundo gobierno de la monarquía, era evidente que aún se estaba lejos de marcar un fuerte contraste con el régimen anterior. Garrigues no tenía ninguna duda al respecto. En 1976 decía que «siguen en pie las instituciones orgánicas y corporativas del Estado del 18 de julio»[215].

Suárez escuchó con atención los razonamientos liberales de Garrigues. Encajaban en su proyecto. El presidente le manifestó la necesidad de alimentar una posible coalición de centro en torno a su nombre, a partir del constituido Centro Democrático, con la presencia destacada del líder liberal. Joaquín, ya sobrepuesto a la maniobra de Suárez contra José María de Areilza, le ofreció apoyo irreductible. Al presidente le simpatizaba Garrigues como hombre y, en lo político, veía imprescindibles las ideas liberales en

---

[214] Ibíd., p. 42.
[215] Ibíd., p. 59.

su proyecto de gobierno democrático. De hecho, hasta la fecha, Suárez se había mostrado en el gobierno como un hombre de talante liberal. Para Joaquín, Adolfo Suárez era ya un demócrata convencido.

Eso era lo fundamental para Garrigues. Joaquín siempre lo había sido y no tranzaba con quien no fuera demócrata. Era enemigo declarado de los totalitarismos. Cebrián afirma, en esa línea, que «era un demócrata y representó una corriente liberal democrática, aunque conservadora con respecto a las corrientes de izquierdas»[216].

Era el prerrequisito que Joaquín llevó en mente a la reunión con Suárez. El presidente continuó al día siguiente los turnos de conversación con otros dirigentes políticos. Todos parecían seguir la lúcida reflexión de Garrigues: «Suárez carecía de legitimidad y ellos carecían de una estructura institucional desde la que pudieran organizar una campaña»[217]. Sobre esta base, una Unión de Centro Democrático tomaba forma y contenidos.

---

[216] Conversación con Juan Luis Cebrián, Madrid, 23 de octubre de 2022.

[217] Gallego Margaleff, Ferrán, «Cuando ayer era hoy. Crisis del régimen, movilización y negociación política en los inicios de la Transición», en *España en democracia. Actas del IV Congreso Internacional de Historia de Nuestro Tiempo*, Logroño, 2014, p. 20.

La recta final

El 9 de abril, en plena Semana Santa, Adolfo Suárez arriesgó todo y legalizó el Partido Comunista. Garrigues expresó su satisfacción: «Me parece un acierto, tanto por el hecho de que el gobierno se haya comprometido con esta cuestión, como por la posibilidad que representa al despejar el camino para la presencia de todos los partidos políticos en las próximas elecciones»[218].

Con esto quedó claro que el presidente llevaba las riendas del proceso democrático. El Ejército, aunque respetó la decisión, mostró su repulsa y provocó la dimisión del ministro de Marina. ETA mantenía su política de terror, a pesar de que el gobierno había facilitado la libertad de los condenados en el proceso de Burgos de 1970 por petición del nacionalismo vasco. Las excarcelaciones continuaron, pero ETA no cesaba su política de violencia. Secuestró al financiero Javier de Ybarra, a quien asesinó después de mantenerlo cautivo durante un mes. El mismo día en el que los medios de comunicación daban la noticia del secuestro, el 21 de mayo, cinco excarcelados viajaban a Bélgica. El Partido Nacionalista Vasco, mientras tanto, presionaba por una amnistía general que fuese más allá de la parcial que se había puesto en marcha en julio de 1976.

---

[218] Senent Sansegundo, Juan Carlos, «¿Todos los partidos?: Partidos ilegales y las elecciones de 1977», en *Hispania Nova*, Número 19, 2021, p. 468.

Tras la legalización del Partido Comunista, los partidos políticos captaron que no podrían actuar al margen del gobierno de Suárez. Era un golpe que encajaron aquellos que no procedían del régimen. Pero no tenían más alternativa. Lo otro era la desaparición del panorama político y la pérdida de los esfuerzos realizados. Leopoldo Calvo Sotelo, en nombre del presidente, llevó a cabo las últimas negociaciones.

UCD se fundó a comienzos de mayo de 1977, como una coalición de quince partidos políticos que representaban a la corriente demócrata cristiana, a la social demócrata y a la corriente liberal. Esta última estuvo conformada por cinco fuerzas: el Partido Liberal —PL—, orientado por Enrique Larroque; el Partido Progresista Liberal —PPL—, de Juan García Madariaga; el Partido Social Liberal Andaluz —PSLA—, de Manuel Clavero; el Partido Demócrata Popular —PDP—, de Ignacio Camuñas; y la Federación de Partidos Demócratas Liberales —FPDL—, presidida por Joaquín Garrigues Walker. «A fin de diluir su propia imagen de alto funcionario franquista, Suárez quiso asociarse con la oposición antifranquista moderada, que contaba con dirigentes de impecable pedigrí democrático y un cierto reconocimiento exterior. De ahí en parte la incorporación a UCD de fuerzas tales como la Federación de Partidos Demócratas y Liberales de Joaquín Garrigues Walker»[219]. Los alemanes, que lo apoyaban, aplaudieron la integración a la UCD.

Junto a los liberales, firmaron el acta constitutiva de la coalición: Partido Popular —PP—, bajo la orientación de Pío Cabanillas; Partido Demócrata Cristiano —PDC—, bajo el mando de Fernando Álvarez de Miranda; Partido Social Demócrata —PSD—, dirigido por Francisco Fernández Ordóñez; Federación Social Demócrata —FSD—, con José Ramón Lasuén a la cabeza; Partido Social Demócrata Independiente —PSDI—, orientado por Gonzalo Ca-

---

[219] Powell, Charles, «El reformismo centrista y la transición democrática: retos y respuestas», en *Historia y Política*, número 18, 2007, p. 79.

sado; Unión Social Demócrata Española —USDE—, bajo la guía de Eurico de la Peña; Unión Demócrata de Murcia —UDM—, bajo la orientación de Antonio Pérez Crespo; Partido Gallego Independiente —PGI—, orientado por José Luis Meilán Gil; Unión Canaria —UC—, guiada por Lorenzo Ollarte Culién; y Acción Regional Extremeña —AREX—, bajo el mando de Enrique Sánchez de León. En palabras de Garrigues, se trataba de un conjunto de partidos-taxi, por su escaso tamaño y poca cobertura regional, pero imprescindibles en una coalición con vocación de triunfo.

Los políticos más destacados fueron situados en las listas electorales de Madrid: Suárez, Calvo Sotelo, Ignacio Camuñas, Francisco Fernández Ordoñez, Joaquín Garrigues Walker Íñigo Cavero y José Pedro Pérez Llorca, entre otros más. En la determinación de las listas nacionales intervino Rodolfo Martín Villa, que se alzó como figura estratégica en las provincias. La campaña fue corta, un mes, y Adolfo Suárez escasamente apareció durante ella. Pero dio sustancia a la amorfa UCD y situó a los liberales por encima de la democracia cristiana, un claro gesto hacia Garrigues. Sobre la coalición, manifestó:

Quiero decirles que, si el país necesita reformas económicas y sociales y reformas profundas, pero con moderación y sin marxismo, en UCD está la ideología social democrática que las propugna.

Que si a España le urge un talante liberal y no radical, están los partidos liberales de mayores credenciales.

Que si en el país existe una concepción cristalina de las relaciones familiares y sociales, en Unión de Centro Democrático hay democracia cristiana.

Que si el programa regional es una de las grandes cuestiones pendientes de solución, en Unión de Centro Democrático están partidos regionales que llevarán a las Cortes las ansias de que los pueblos de España tengan personalidad propia.

133

Que, en fin, si este país necesita que se superen los enfrentamientos, que haya una síntesis de esas dos Españas de ingrato recuerdo, en Unión de Centro Democrático se unen los ideales de hombres que durante años lucharon en la oposición por la democracia y hombres que consideraron un deber participar dentro de la legalidad[220].

Garrigues Walker tomó la delantera en la prensa para agradecer al padre del rey, Juan de Borbón, su renuncia a los derechos dinásticos, el 14 de mayo de 1977, a favor de su hijo. «El gesto del Conde de Barcelona, inclinado de cabeza ante su hijo, rey de España, y saludándolo como tal con su expresivo «viva el rey» es uno de esos gestos que hacen un país, que nos ennoblecen un poco a todos los que aquí vivimos»[221]. Se refirió al padre del rey como una persona que «no ha cometido otro delito para vivir más de cuarenta años de exilio, que defender las ideas que hoy sirven para construir un Estado de derecho»[222].

Un par de semanas antes de las elecciones, Garrigues Walker dejó por escrito su percepción sobre Adolfo Suárez, candidato número uno de la lista de diputados de Madrid por UCD. Enunció su origen en el régimen del 18 de julio hasta llegar a ser ministro secretario del Movimiento. «En ese Régimen se inició Adolfo Suárez por el laberinto de los pasillos que conducían al poder monolítico y desde allí saltó a la presidencia, en esta etapa de transición, culminando su carrera política de forma tan espectacular como imprevista»[223]. Sobre la participación de antiguos franquistas en las listas electorales, manifestó que el pue-

---

[220] Huneeus, Carlos, *La Unión de Centro Democrático y la transición a la democracia en España*, *op.cit.*, p. 167.

[221] Garrigues Walker, Joaquín, «Un país es un gesto», *ABC*, 17 de mayo de 1977.

[222] Ídem.

[223] Garrrigues Walker, Joaquín, «Un compromiso histórico», *El País*, 3 de junio de 1977.

blo juzgaría su honestidad y dio por válido que todos ellos «han abogado en los últimos tiempos por la reforma democrática, es decir, por la construcción de un nuevo modelo de Estado conforme a los principios que prevalecen en las democracias»[224].

Recordó que él y otros candidatos que figuraban en las listas de UCD fueron excomulgados políticamente por haber hecho causa común desde la oposición democrática con las fuerzas políticas y sindicales de izquierda y de cómo fueron llamados fascistas renovados y azules. Agregó que el presidente Suárez, de origen inequívocamente azul, sin embargo, había actuado como un verdadero demócrata. Convocó las primeras elecciones en cuarenta años; legalizó los partidos políticos; permitió el retorno de los exiliados, entre ellos, de Carrillo, Dolores Ibárruri y Rafael Alberti; disolvió el Movimiento Nacional, «que fue el ascensor de su carrera política»[225]; inició la conversión del sindicato vertical en asociaciones libres de trabajadores y empresarios; y defendió la elaboración de una nueva Constitución.

Todo esto, a juicio de Garrigues, «lo ha hecho por su propio riesgo y ventura, sin tratar de capitalizar hacia sus decisiones el peso de la corona y luchando desde dentro del sistema contra un entramado de intereses»[226]. La UCD era un matrimonio de conveniencia entre Suárez y los liberales, los democristianos y los socialdemócratas. «Suárez sin nosotros podía ganar, pero no convencer. Nosotros sin él podíamos dar testimonio, pero no podíamos ganar»[227]. Admitió que la coalición había cometido errores, pero que esta no era una razón para no votar por ella. «Unos nos pueden acusar de fascistas y otros de compañeros de viaje del marxismo, unos de tibios y otros de trepadores [...] Pero aquí

---

[224] Ídem.
[225] Ídem.
[226] Ídem.
[227] Ídem.

pasa como en la democracia. La Unión de Centro Democrático es quizás la peor de las opciones que se ofrecen al electorado español…si se excluyen todas las demás»[228].

La influencia liberal, dentro de UCD, quedó reducida en la práctica a las fuerzas que dirigían Ignacio Camuñas y Garrigues Walker. Los dos abogados lograron, hábilmente, situarse en los primeros renglones de las listas electorales que, por Madrid, presentó UCD a las elecciones del 15 de junio de 1977. La UCD, en medio de una escasa cultura política, triunfó espectacularmente. Obtuvo 6.300.000 votos y conquistó 165 escaños. Por Alianza Popular fueron elegidos 16 diputados, mientras el PSOE, por el que votó la esposa de Joaquín, alcanzaba los 118 diputados. Se convertía así en futura alternativa de gobierno. El gran fracaso recayó en el Partido Comunista: solo obtuvo 20 escaños, tras una expectativa muy superior. Y de los 598 parlamentarios elegidos, 77 habían pertenecido a las Cortes franquistas. UCD aportó 24. La coalición, pues, ganó con un leve teñido de azul, pero la conversión democrática quedó oficialmente inaugurada.

Tanto Garrigues como Camuñas resultaron elegidos. El partido de Joaquín obtuvo 16 diputados y siete senadores, con resultado semejante al del partido de Fraga Iribarne y prácticamente igualó a los demócratas cristianos, con Fernando Álvarez de Miranda a la cabeza y a los socialdemócratas, con Francisco Fernández Ordóñez. En el Senado, Garrigues logró situar a Antonio Fontán, su amigo incondicional, que luego sería presidente del mismo. El liberalismo de Garrigues, en suma, había logrado obtener un espacio político de importancia.

Garrigues y Camuñas fueron nombrados después ministros del primer gobierno democrático tras la dictadura de Franco. El primero ocupó el ministerio de Obras Públicas y Urbanismo, mientras el segundo, el ministerio de Relaciones con las Cortes.

---

[228] Ídem.

Suárez quería ahora que la coalición se convirtiera en partido político unitario. Garrigues aceptó la propuesta y disolvió su agrupación. A partir del año siguiente, los partidos agrupados en la Federación de Partidos Demócratas y Liberales se transformaron en clubes liberales.

Garrigues y Camuñas, más tarde, hicieron parte de la histórica baronía de UCD, aunque el segundo fue relegado con posterioridad. Garrigues se convirtió en la única expresión liberal relevante dentro del partido político centrista.

UCD, en realidad, nunca fue un partido comprometido ideológicamente. No era un partido programático. El hecho de que en él estuviesen integradas corrientes políticas de diversas tendencias era ya, de por sí, un impedimento para constituir una ideología uniforme y homogénea. UCD se presentó, políticamente, como resultado de una sumatoria de tres fuerzas que, a su vez, reflejaban tres ideologías. En la práctica era difícil que las posiciones ideológicas fueran compatibles, lo que significó que los conflictos resultantes se resolviesen «con el reparto de zonas de influencia, esto es concediendo ciertos ministerios a cada grupo para que haga en ellos 'su política' o bien concediendo a cada grupo parte de sus aspiraciones»[229].

En la teoría, sin embargo, UCD pretendió mostrar un amplio espectro, al definirse, según sus estatutos, como «un partido democrático, interclasista, reformista, progresista, de ámbito regional, provincial y local»[230], cuya ideología quedó dibujada de la siguiente manera:

> UCD se asienta sobre una ideología (que tiene) un planteamiento político y un modelo de sociedad que se desarrolla desde las siguientes bases: 1. El personalismo: mediante la

---

[229] Garcia San Miguel, Luis, «Las ideologías políticas en la España actual», en *Sistema*, número 40, 1981, p. 64.

[230] Huneeus, Carlos, *La Unión de Centro Democrático y la transición a la democracia en España, op. cit.*, p. 247.

consideración de la persona, en el ejercicio de la libertad, como fundamento primario de toda acción política; 2: La democracia: mediante el establecimiento y la consolidación del sistema democrático y del Estado de Derecho; la libertad, mediante una concepción liberal progresista y pluralista de la vida y la cultura; El humanismo: mediante la proclamación y la asunción de los valores humanistas y los de la ética de la tradición cristiana; 5: la igualdad: mediante la adopción de un sistema de economía de mercado corregida y socialmente avanzada, entendiendo que es obligación de los poderes públicos asegurar el predominio del interés general sobre los intereses particulares, así como los servicios fundamentales propios de una sociedad moderna, y garantizar la justicia y la igualdad social[231].

Es indudable, pues, que el contenido ideológico responde a la heterogeneidad, y no oculta que debió haberse llegado a él como resultado de un proceso de transacción entre las fuerzas componentes. Pero también es cierto que, al igual que el resto de corrientes, el liberalismo dejó allí su huella. Logró introducir el concepto de Estado de Derecho, que fue central en el pensamiento de Garrigues; la adopción del sistema de economía de mercado, ciertamente matizado, pero tampoco desnaturalizado como habría podido resultar de una defensa a ultranza de la intervención estatal; y la inclusión de la libertad, desde la perspectiva del liberalismo. Aunque algunos estudios han querido subrayar que el concepto de libertad en la ideología de UCD respondía al ideario demócrata cristiano[232] —sobre el argumento de que se empleó el concepto de persona humana en vez del de individuo— debe saberse que la Federación de Partidos Demócratas Liberales —FPDL— de Garrigues

[231] Ibíd., p. 248.
[232] Desazars de Montgailhard, Sylvia, *La transition démocratique en Espagne: le parti du centre*, Paris, 1995, p. 141.

Walker ya lo había incorporado con mucha anterioridad en su ideología: «Nuestra federación asume, pues, su indeclinable posición liberal, entendiendo como liberalismo una doctrina coherente de las relaciones del hombre en sociedad que descansa en el reconocimiento del primado absoluto de la persona humana»[233].

En definitiva, de la coexistencia de las tres ideologías dentro de UCD quedaron plasmados de «los liberales la defensa de una economía de mercado»[234], y «un modelo de sociedad que se podría calificar de capitalismo liberal»[235]. De manera, pues, que el pensamiento liberal impregnó los contenidos ideológicos de UCD, hasta donde lo permitieron los límites de la transacción política. Y para ello fue determinante la presencia de Garrigues Walker y de quienes lo acompañaron ideológicamente dentro del partido centrista.

El primer gobierno democrático, que inició tareas a comienzos de julio, se compuso por Adolfo Suárez, presidente; Manuel Gutiérrez Mellado, vicepresidente primero; Enrique Fuentes Quintana, vicepresidente segundo; Fernando Abril Martorell, vicepresidente tercero; Marcelino Oreja Aguirre, ministro de Asuntos Exteriores; Landelino Lavilla Alsina, ministro de Justicia; Francisco Fernández Ordóñez, ministro de Hacienda; Rodolfo Martín Villa, ministro del Interior; Iñigo Cavero Lataillade, ministro de Educación y Ciencia; Manuel Jiménez de Parga Cabrera, ministro de Trabajo; Alberto Oliart Saussol, ministro de Industria y Energía; José Enrique Martínez Genique, ministro de Agricultura; Juan Antonio García Díez, ministro de Comercio y Turismo; José Manuel Otero Novas, ministro de la Presidencia; Enrique Sánchez de León Pérez, ministro de Sanidad y Seguridad

---

[233] R. Pi, *Joaquín Garrigues Walker, Perfil humano y político, op. cit.*, p. 100.

[234] Desazars de Montgailhard, Sylvia, *La transition démocratique en Espagne: le parti du centre*, p. cit., p. 143.

[235] Ibíd., p. 141.

Social; Pío Cabanillas Gallas, ministro de Cultura; Manuel Clavero Arévalo, ministro para las Regiones; Ignacio Camuñas Solís, ministro de Relaciones con las Cortes y Joaquín Garrigues Walker, Ministro de Obras Públicas y Urbanismo, después de que el presidente le preguntara cuál ministerio deseaba. Por fuera del consejo de ministros se quedaron Fernando Álvarez de Miranda, que no quiso entrar en el gabinete, y Antonio Fontán, figura de máxima importancia para Garrigues Walker. Suárez los situó en el parlamento: a Álvarez de Miranda como presidente del Congreso de los Diputados y a Fontán en la presidencia del Senado.

El gabinete ministerial reflejó un meditado equilibrio entre las diversas familias políticas, representadas proporcionalmente por sus principales líderes, que fueron conocidos como los barones. De esta forma, Suárez situaba a los dirigentes más relevantes bajo su subordinación política, mas no ideológica, y centraba el ejercicio práctico de la administración del Estado en la Moncloa. Había constituido un gabinete político de lujo, pero de personalidades ideológicamente dispersas.

El contacto del ministro de Obras Públicas y Urbanismo, Joaquín Garrigues Walker, con la realidad cotidiana de la administración pública no pudo sino producirle terror. Se encontró con que era un legado del régimen, donde la nota predominante era el despilfarro, tal vez uno de los más altos de Europa, según sus cálculos. «A mí me parece muy difícil pedir a los ciudadanos españoles que paguen los impuestos, si no tenemos, como no hemos tenido durante tantos años y como seguimos sin tener, un mínimo control del gasto público»[236], expresó a la revista *Cambio 16*. Para el ministro, no era más que el derroche nacionalsindicalista aún vigente en el país. Lamentó la ineficacia y el escapismo que observaba. «Si ustedes no me necesitan este fin de

---

[236] Garrigues Walker, Joaquín, «La fiesta ha terminado», *Cambio 16*, 21 de agosto de 1977.

semana, yo les prometo que no les necesito a ustedes»[237], había dicho a los funcionarios del ministerio. Dijo que sobraba mucho personal, al dar a conocer el dato de más de medio millón de españoles que trabajaban para la administración del Estado.

Congruente con su ideología liberal, el ministro planteó la necesidad de contar con un Estado moderno, capacitado y eficaz, con una reducción drástica de las plantillas, de la enorme burocracia. Atónito, manifestó que «uno de los mayores escándalos de la Administración Pública en el Estado franquista es el gran número de personas que cobran sin trabajar»[238]. Un Estado francamente intervencionista, dedicado a «resolver todos los problemas económicos, concediendo subvenciones indiscriminadas y fijando toda suerte de controles en los precios […] La economía española está en manos de la burocracia»[239].

De inmediato, el ministro recibió un mensaje del patriarca de los Garrigues, su padre Antonio. Tras llamarlo *Juale*, como se conocía a Joaquín en la familia, lo felicitó por sus palabras: «Tus declaraciones a *Cambio 16* son muy importantes como acto político. Trascienden de la esfera ministerial, al ámbito nacional. Lo que dices es verdad. Es una denuncia de un mal públicamente conocido, empezando por los propios interesados. Estos, la burocracia del Estado, constituyen una mafia terrible, con un gran poder»[240].

Era sabido que Garrigues tenía fuertes diferencias con los encargados de los ministerios económicos, entre ellos con Fernández Ordóñez, a cargo de Hacienda. «Aquí hay mucho nacionalsindicalista disfrazado con la etiqueta socialdemócrata»[241], dijo, en palabras que fueron tomadas

---

[237] Ídem.

[238] Ídem.

[239] Ídem.

[240] Carta de Antonio Garrigues Díaz-Cañabate a Joaquín Garrigues Walker, agosto de 1977.

[241] Garrigues Walker, Joaquín, «La fiesta ha terminado», *op. cit.*

por los lectores como una clara alusión al ministro de Hacienda. Los choques en el gabinete eran constantes entre las familias y se ponían en evidencia las diversas posiciones ideológicas y cómo cada uno hacía lo que le parecía, según interpretaban su ideología. Suárez, que abrigaba un gobierno de centro-izquierda, al que Garrigues le había manifestado su conformidad, veía en la práctica que el joven ministro se alejaba de esa postura.

En la penúltima semana de septiembre, cuando parecía irrebatible la sensación de que el gobierno estaba en crisis por la dispersión ideológica y política de los ministros, el periodista Pedro J. Ramírez entrevistó a Garrigues para el diario *ABC*. Fue una polémica conversación que irritó a varios sectores de opinión cercanos a Suárez y a varios de sus ministros. Habló del desgaste del presidente, del efecto erosionante del poder y expresó que «el liderazgo de Suárez estará lógicamente limitado en el tiempo»[242]. Cuando se le preguntó, en clara referencia a Suárez, si estaba satisfecho con el carácter unitario y presidencialista que se pretende imprimir a la Unión de Centro Democrático, respondió: «la forma de alcanzar el poder y la forma de perderlo y los límites de su ejercicio deben estar lo suficientemente institucionalizados de tal suerte que no exista el riesgo de que se convierta en un poder dictatorial»[243].

Aunque se inclinó por el presidencialismo en su grupo político, cuya esencia cuestionaría más adelante, acentuó que «lo que importa es dejar una estructura que sea eficaz para el partido»[244]. Y sobre la crisis gubernamental apuntó que en «el Gobierno estamos hombres con más afinidades que diferencias ideológicas, pero de muy diversos orígenes

---

[242] Ramírez, Pedro J., «No se puede seguir trampeando», *ABC*, 20 de septiembre de 1977.
[243] Ídem.
[244] Ídem.

políticos. Hace falta tiempo para conseguir un grado óptimo de cohesión»[245].

El gran problema del momento era la situación económica y Garrigues creía que el gobierno no era claro en mostrar su gravedad. Solo pocos ministros entendían que la crisis era gravísima. «Mire usted, la tentación de los políticos ante una crisis de esta envergadura puede consistir en seguir trampeando. En aplicar unos cuantos parches que nos permitan seguir tirando a la espera de una especie de milagro que resuelva la situación»[246], manifestó en una crítica directa a sus compañeros de gobierno. Habló de demagogia frente a quienes creían que el problema no era la inflación, sino el desempleo. Y explicó que, justamente, la inflación, junto al gasto público, era la causa del paro. La entrevista fue tomada por algunos como una intromisión de Garrigues en la política económica del gobierno y en una señal de pretender ser el futuro presidente de España.

En el mes de octubre, por fin, se aprobó la ley de amnistía, sin el apoyo del partido Alianza Popular de Fraga. Garrigues había insistido permanentemente en ella. Un mes antes había pedido «una amnistía total en todos los frentes, que ponga fin definitivamente al paréntesis de excepción abierto por la guerra civil, por no decir imposible, el restablecimiento del orden público en este país»[247]. Y así fue. La ley, que fue promulgada el 15 de octubre, concedía la amnistía, hasta la fecha de celebración de las elecciones del 15 de junio de 1977, a todos aquellos que hubiesen cometido los delitos de rebelión y sedición, los delitos y faltas que pudieran haber cometido las autoridades, funcionarios y agentes del orden público y los delitos cometidos por los funcionarios y agentes del orden público contra el ejercicio

---

[245] Ídem.
[246] Ídem.
[247] Ídem.

de los derechos de las personas. La ley, pues, favoreció a todas las personas que cometieron esos delitos durante la Guerra Civil. Mientras tanto, regresaba a España desde el exilio Josep Tarradellas, a quien se le reconoció la calidad de presidente de la Generalitat, un hito histórico de la Transición y el fin de la dictadura de Franco para los ciudadanos de Cataluña.

Suárez había planteado la disolución de los partidos de la coalición para constituir un único partido, bajo el mismo nombre: Unión de Centro Democrático. A finales de 1977 se materializó la propuesta: se disolvieron los partidos y Javier Rupérez fue nombrado secretario de relaciones internacionales de UCD, con la clara intención de afianzar al nuevo partido en el ámbito internacional. A algunas voces les inquietaba que la nueva organización tuviera un carácter presidencialista y no colegiado. Pero Suárez tenía claro su objetivo: compatibilizar la presidencia del gobierno con la presidencia del partido. Se trataba, en últimas, de controlar el partido y controlar el gobierno.

Garrigues volvió contra Suárez y sus compañeros de gobierno cuando se pusieron en marcha las primeras operaciones de los llamados Pactos de la Moncloa, que se firmaron a finales de octubre de 1977. Tales acuerdos, entre partidos, sindicatos y empresarios, fijaron la política económica a seguir ante la crisis y acordar los mecanismos para alcanzar la estabilidad económica y contener la conflictividad laboral. Se trataba de enfrentar una inflación superior al 20%, y, según el ministro, era imposible hacerlo si los salarios no se rebajaban sustancialmente porque una subida de salarios significaba, como consecuencia, una escalada de precios y, por tanto, mayor inflación. Mientras los Pactos de la Moncloa permitían un ascenso salarial hasta de un 22%, Garrigues afirmaba que no podía superar el 10% y, por otro lado, invocaba una total libertad y flexibilidad de las plantillas, cuando los Pactos solo reconocieron el libre despido hasta el máximo de un 5%.

En contra de Suárez, alababa en cambio a James Callaghan, jefe del gobierno inglés que había apostado por una ortodoxa política económica para reducir la inflación. Como si los comparara, dijo: «No conozco a Callaghan personalmente, pero su inequívoca acción de gobierno me hace pensar que se trata de un verdadero profesional de la política. Que sabe lo que quiere y que acepta, en consecuencia, el precio que hay que pagar en la vida pública por mantener una actitud como la suya»[248].

Según Garrigues, Suárez había cedido ante las presiones y «gobernar no es ceder». No podía aceptar que el hombre que había llevado adelante la reforma política y había inaugurado la democracia, hubiera asumido ahora una actitud de concesiones. Para el ministro, «el pacto de la Moncloa responde a otra estrategia de Gobierno distinta en un país diferente y en otras circunstancias. Otra pudo ser la alternativa y no fue»[249]. Su hermano Antonio, en cambio, había alabado los pactos desde el principio y así lo manifestó públicamente. No obstante, el ministro, con lealtad hacia el gobierno, asumió con honestidad y entrega los compromisos adquiridos en los temas de urbanismo, suelo y vivienda, como responsable de la cartera de Obras Públicas y Urbanismo.

El diario *Le Monde*, en todo caso, tomó nota de las diferencias de Garrigues con Suárez. Informó que el ministro de Obras Públicas y Urbanismo pretendía suceder al presidente. Según el periódico, sus actitudes lo tenían cerca de abandonar al jefe de gobierno, tras criticar los Pactos de la Moncloa. Informó, a su vez, que Garrigues estaba en contacto con los moderados del PSOE y que este partido podría llegar a aliarse con los centristas posibilidad de aliarse un día con los centristas de filiación democrática intachable

---

[248] Garrigues Walker, Joaquín, «Gobernar no es ceder», *ABC*, 20 de septiembre de 1977.

[249] Ídem.

—como es el caso del ministro de Obras Públicas— para asegurarse el relevo de Suárez. Lo que estaba claro era que el ministro no veía otra opción para UCD, si quería continuar con el poder, que realizar cambios en el funcionamiento del sistema económico heredado del franquismo.

Convencido de sus ideas, de una economía de libre empresa, daba en cambio todo su apoyo al proyecto de creación del Instituto para la Economía de Mercado, liderado por él, por el economista Pedro Schwartz y por su amigo Julio Pascual. Este le contó que había hablado con Hayek, el Premio Nobel de Economía, y que le había dicho: «Parece mentiras que Mr. Garrigues, que sabe cosas que los políticos suelen ignorar y que además se nota que es un hombre inteligente y con ideas claras, haya llegado a ministro»[250].

A mediados de diciembre de 1977 recibió el borrador aprobado del futuro instituto, previsto para entrar en funcionamiento en enero de 1978. En su primer artículo, se señalaba: «La sociedad española está en peligro de deslizarse hacia un sistema económico socialista por falta de reflexión sobre lo que ello significaría para los ciudadanos y por desconocimiento de las características y ventajas de un sistema de mercado»[251].

---

[250] Carta de Julio Pascual a Joaquín Garrigues Walker, 16 de diciembre de 1977.

[251] Carta de Pedro Schwartz a Joaquín Garrigues Walker, 16 de diciembre de 1977.

«Soy una mierda»

Como se ha dicho, cuando Garrigues criticó los excesivos gastos de la administración pública, en agosto de 1977, en un artículo titulado *La fiesta ha terminado,* se había referido al despilfarro. En esa edición de *Cambio 16* apareció una entrevista con Enrique Fuentes Quintana, vicepresidente segundo para Asuntos Económicos y ministro de Economía, en la que dijo que resultaba poco útil emplear la palabra despilfarro.

Las dos opiniones dispares mostraron una vez más la ausencia de cohesión en el gobierno. Meses después, en febrero de 1978, Fuentes Quintana presentó su dimisión. La causa no era otra que la constante crítica que, velada o no velada, recibía de algunos ministros, entre ellos, Garrigues Walker. El 4 de marzo el diario *El País* mostró su perplejidad: «no se olvide que si Fuentes Quintana abandona es porque la política económica prescrita solidariamente por el Gobierno y por las fuerzas parlamentarias, era contestada insolidariamente en el seno del Gabinete, dándose el caso paradójico de que algunos ministros de esta corriente siguen tan campantes en el Ministerio»[252]. El ministro de Obras Públicas y Urbanismo continuó campante y varios días después, en una entrevista para el mismo periódico concedida al periodista José María Baviano, expresó que

---

[252] *El País*, «La dimisión de Fuentes Quintana», 4 de marzo de 1978.

las tensiones del momento producían «la provisionalidad de la vida pública»[253].

El gobierno debía ahora cumplir con la elaboración y expedición de la Constitución. Prontamente, Suárez, convencido de que la carta magna tendría que ser resultado del consenso entre las diferentes fuerzas políticas, se dio a la tarea de fomentar esa política desde mayo de 1977. Las Cortes estaban para sacar adelante la nueva Constitución. Garrigues aminoró el tono beligerante. «En mi opinión, pese a que se sospecha de que yo dudo de su capacidad y posición, Adolfo Suárez tiene categoría personal para ser un líder de primera magnitud»[254], expresó sobre el presidente.

Pasó a ocuparse en forma del ministerio. Debía ajustar las competencias de Obras Públicas y Urbanismo, más las de Vivienda, que se incorporaban a él. No menos trabajo le merecía la urgencia de delimitar esas competencias, que en muchas ocasiones se solapaban con las de otros ministerios.

Estaba obsesionado con las molestias diarias de los ciudadanos y veía que los «Ministerios se sientan acuciados por los problemas inmediatos y tengan, a veces, que resolverlos con preocupación y pierdan de vista una perspectiva más general»[255]. El trabajo era inmenso. «En puestos como el de ministro, gobernador civil o alcalde no queda otro remedio en esta etapa que quemarse, desgastarse, bajando al ruedo»[256]. Y Garrigues bajaba al ruedo. Había optado por conocer de cerca la problemática y escuchar directamente a los vecinos. Se desplazaba por los barrios en un coche Dodge Dart Chrysler Barreiros y muchos amigos suyos le decían que era una actividad que lo desgastaría mucho. Pero era lo

---

[253] Baviano, José María, «Transportes debe integrarse en Obras Públicas a corto plazo», *El País*, 23 de marzo de 1978.

[254] Urbano, Pilar, «Prefiero organizar la UCD que ser ministro», *La Gaceta Ilustrada*, 14 de mayo de 1978.

[255] Baviano, José María, «Transportes debe integrarse en Obras Públicas a corto plazo», *El País*, 23 de marzo de 1978.

[256] Ídem.

que había que hacer. En democracia, decía el ministro, los cargos públicos dependen de los electores.

Garrigues se ocupó, además, de preparar las disposiciones que, sobre vivienda y urbanismo, debían incorporarse a los acuerdos que formaban parte los pactos de la Moncloa. Logró las respectivas aprobaciones en el Consejo de Ministros, entre ellas los mecanismos para dar prioridad absoluta en la construcción de viviendas a personas con bajas rentas. Según informó la revista *Cambio 16*, el máximo dirigente del PSOE, Felipe González, expresó que se trataban de «medidas espectaculares»[257].

No obstante, decidió contratacar nuevamente. Ante la pregunta de un periodista de, si la orfandad de un secretario general, de un jefe de partido, la insuficiente dedicación de Adolfo Suárez a la UCD, influía en la crisis, no dudó en afirmarlo de manera rotunda: «Indudablemente. Y sigue influyendo en que la UCD funcione peor de lo que debía»[258]. Cuando la periodista Pilar Urbano le preguntó si quería ser el número dos del partido, respondió: «Debo decir que siempre me he brindado a ser secretario de Organización. Lo he dicho muchas veces de forma inequívoca. De cien veces, cien prefiero organizar el partido que ser ministro de lo que sea»[259].

En la misma conversación con Urbano, reconoció que los liberales constituían una fuerza menor y que no podrían alcanzar el poder por sí solos. «Podríamos influir, mas o menos, incluso «gobernar» el partido…pero nunca fuera de UCD»[260]. Valoró la figura personal del hombre político: «Contra lo que se piensa, y no te lleves las manos a la cabeza, no son tan importantes, electoralmente, los programas políticos. No suele conocerlos nadie. Ni el país elector, ni

---

[257] *Cambio 16*, «Contrataca Garrigues», 7 de mayo de 1978.
[258] Urbano, Pilar, «Prefiero organizar la UCD que ser ministro», *op. cit.*
[259] Ídem.
[260] Ídem.

a veces los candidatos [...] Los países, al final, no votan programas, sino personas»[261].

Garrigues lo sabía muy bien. Su atractivo personal era inocultable. El «charme» de Joaquín, como lo llamó Urbano, resultaba evidente. «Tiene su «charme» desgalichada este hombre liberal. Sería un líder tranquilo, sin más mordiente que la eficacia, sin más mordeduras que las de la ironía. Un líder campechano y sonriente. El antidrama político»[262].

En la entrevista, mientras bebía café y fumaba cigarrillos *Winston*, se acomodaba y reacomodaba en un amplio sofá del despacho ministerial. Le confesó a la periodista: «Aquí, sobre este sofá, duermo la siesta todos los días, pase lo que pase, aunque se hunda el mundo»[263].

Antes de terminar la entrevista, insistió en que el liderazgo de Suárez era incuestionable, pero «hay que preparar el relevo, la sucesión»[264]. Contó que lo había hablado con el presidente sobre las reservas que deben contemplarse para una posible sucesión. Se lo comentó a Suárez, «al hablar de nombramientos para ciertos cargos del Partido o de la Administración, o del Gobierno. Él me ha dicho: «Bueno, pero es que a fulano no lo conoce nadie». Y yo le he contestado, también medio en serio, medio en broma: «Le conoce tanta gente como te conocía a ti cuando el rey te nombró presidente»»[265].

Y sobre el rey no tuvo más que elogios: «En esta fase tan delicada, el rey ha desarrollado un papel clave para la transformación democrática del país. Solo se le puede elogiar: Creo que hay muy pocos precedentes históricos de un cambio de esta hondura, como el que él ha hecho, afron-

---

[261] Ídem.
[262] Ídem.
[263] Ídem.
[264] Ídem.
[265] Ídem.

tando tales riegos y con tal valor y prudencia»[266]. Expresó que el monarca no era de derecha ni de izquierda ni de centro. Con voz premonitoria, agregó: «Tengo la más absoluta convicción, casi certeza personal, de que si en las próximas elecciones ganase el PSOE, el rey tendría con Felipe González la misma actitud que hoy tiene con Adolfo Suárez»[267].

Garrigues deseaba continuar un año más como ministro de Obras Públicas y Urbanismo. Creía que era el tiempo que requería para terminar de reestructurarlo, pero sobre todo para dejar el legado de la ordenación del territorio y eso le significaba la necesidad de acercar criterios entre la administración central y las autonomías. Esa ordenación del territorio pasaba por remodelar el concepto de obra pública, tener en cuenta las ordenaciones de las regiones e imponer un criterio de racionalidad. «¡Qué me dejen trabajar aquí un año más!», reclamaba a menudo. «No soy el ministro con trasero inquieto, que aspira ahora a otro sillón»[268], le había dicho a la prensa.

La revista *Interview* habló con el ministro, como parte de una serie en la que ya había entrevistado a Manuel Fraga y a Enrique Tierno Galván. Llevada a cabo por Carlos Pedregal, se trataba de que el entrevistado respondiera a un cuestionario y luego se establecía si lo que había dicho era verdad o mentira. Definidas como «entrevistas psicológicas», no tienen en realidad un peso científico importante, pero permitieron conocer algunas facetas de las personalidades de turno.

La primera impresión de Pedregal coincidió con lo que a menudo decían los periodistas sobre Garrigues Walker: «Es un hombre alto, elegante, vestido con distinguida despreocupación. Sus modales son finos, lentos. Su hablar, pausado; su voz, baja. De aspecto agradable, atrayente y

---

[266] Ídem.
[267] Ídem.
[268] Ídem.

simpático. Tiene tipo de galán de cine de los años 60. Pero con clase. Podría muy bien formar parte del clan Sinatra o ser pariente de los Kennedy. Es una mezcla de *playboy* y *lord* inglés»[269].

Bajo su impertérrita costumbre de beber café con leche, y varios en un solo día, Pedregal subrayó que, «por encima de todo hay un «algo» que atrae y cautiva»[270].

Garrigues definió el ejercicio de la política como la búsqueda del poder:

> Quien se dedica a la política debe aspirar en primer lugar a la conquista del poder. Supongo que eso, cuando se dice así frontal y brutalmente suena a excesiva franqueza o excesiva falta de principios éticos en la dedicación de la política. Pero en cualquier caso yo no encuentro cómo puede alguien dedicarse a la política si no aspira realmente a la conquista del poder. Porque el poder político es el poder de los humanos más completo que se conoce. Porque ni el dinero, y ninguno de los otros poderes da tanto como la política[271].

Ante la pregunta de si prefería una mujer bonita o una mujer inteligente, respondió: «Yo necesito, por una especie de sensibilidad que se corresponde con mi signo astrológico (dicho sea entre paréntesis es libra), que las cosas me entren por los ojos. Y en consecuencia no podría plantearme la admiración o la aceptación de una mujer que no tuviera unos mínimos rasgos de belleza»[272].¿Y entre una fea y nada en una isla desierta? Garrigues respondió: «Bueno, yo supongo que la fea. Entre otras cosas, porque la fea en una isla desierta debe parecer una maravilla»[273].

---

[269] Pedregal, Carlos, «Entrevista psicológica a Joaquín Garrigues Walker», *Interview*, julio de 1978.

[270] Ídem.

[271] Ídem.

[272] Ídem.

[273] Ídem.

Se declaró ambicioso, admirador de los hombres de pensamiento, comprensivo y simpático. Afirmó que deseaba ser primer ministro, su máximo objetivo como político. Se consideró a sí mismo de izquierdas, a pesar de tener una imagen de derechas. «Y estoy más a la izquierda. Porque la libertad produce siempre una revolución permanente. La libertad es revolucionaria y ha sido siempre revolucionaria[274]».

Dijo sentirse cansado debido a que trabajaba dieciséis horas diarias y afirmó que practicaba varios deportes. Se declaró católico, relativamente practicante y definió a Dios como «un ser sobrenatural, por supuesto, que no tiene contornos precisos y de que alguna forma establece el comienzo y el orden de este mundo o de estas galaxias donde nos movemos»[275]. Cuando se le preguntó como se definiría, contestó: «Yo creo que soy un hombre con bastante sentido del humor, bastante escéptico, bastante frío y al mismo tiempo es probable que sea soberbio. Pero no soy envidioso. Y al final de eso pues diría que soy una mierda como cualquier otro hombre»[276].

La prueba sicológica lo describió como un hombre emotivo y soñador por temperamento y lógico y cerebral por formación. Arrogante y soberbio, aunque lo disimulaba. No se tomaba en serio. Era un hombre triste, en el fondo y solo. Egocéntrico y orgulloso. Generoso. No era un hombre frío, como él dijo. Al final, cuando pidió una interpretación de los dibujos que había realizado durante la entrevista, obtuvo la respuesta:

> En sus tests se observa falta de hogar. Usted no tiene casa, o está mudándose, usted lleva una vida que no es la típica de hogar. Este dibujo que usted ha hecho aquí lo hacen gene-

---

[274] Ídem.
[275] Ídem.
[276] Ídem.

ralmente las personas solteras, los artistas que viajan mucho y no tienen una casa fija. Hay sin duda un problema de conducta actual que no es la típica de un jefe de familia.

En cuanto a su vida política, se siente oprimido, inmovilizado en lo que se refiere a la realización de sus ideales. Se siente políticamente aplastado, sin posibilidad de poner en práctica sus proyectos.

A pesar de todo, se siente seguro, firme y con gran confianza en sí mismo[277].

Y con la prensa continuó sus compromisos. En junio, Garrigues habló con *The Washington Post*. Con su humor característico, dijo: «¿Franco murió hace dos años? Nadie lo recuerda. Yo no lo recuerdo. Pero sí: realmente está muerto»[278]. El periódico norteamericano lo consideró como el más conservador del gabinete ministerial. En la entrevista, señaló la gravedad de la inflación y el desempleo creciente, que le daría «más votos a la izquierda y mayor reacción a la extrema derecha»[279].

Su cercano amigo Julio Pascual, que ocupaba la presidencia del Comité de Política Económica de la CEOE y escribía una columna ingeniosa y didáctica titulada *Economía de mercado* en el periódico *Informaciones*, hablaba a menudo con Joaquín. A ambos les inquietaba la evolución de los debates parlamentarios sobre la nueva Constitución. Garrigues, además, estaba permanentemente informado sobre lo que sucedía en el Congreso por lo diputados liberales, por Antonio Fontán, presidente del Senado y seguía los debates por televisión. En medio de problemas de orden público en el País Vasco, y con dificultades para encauzar al Partido Nacionalista Vasco —PNV— hacia

---

[277] Ídem.
[278] Koven, Ronald, «Spain's Shift to Democracy Smooth Yet Fragile», *The Washington Post*, 25 de junio de 1978.
[279] Ídem.

la aceptación del modelo propuesto por UCD en cuanto al tema foral, los debates, las discrepancias y, a veces, los enfrentamientos, marcaban el paso de los días preconstitucionales.

De muchas maneras, la nueva Constitución formalizaba la Transición española y, por ello, el ministro estuvo atento a las discusiones y al tanto de la búsqueda de los consensos que la hicieron posible. Se recordaba, justamente, aquel verano de 1976 cuando Garrigues lanzó la idea de promover un proyecto constitucional que reemplazara las Leyes Fundamentales del régimen franquista ante miembros de diversos grupos políticos, reunidos casi clandestinamente en su casa de Aravaca.

El ministro conoció y estudió el proyecto constitucional de UCD, con tal interés que decidió que era necesario participar en su formulación, a través de sus cercanos colaboradores. Garrigues, así, pretendía que la ideología liberal impregnara el articulado. Julio Pascual explicó el proceso que gestó el joven político para influir en el texto constitucional:

> Había un borrador de la Constitución dentro de UCD para discutirlo internamente y llevarlo luego a consenso con los demás partidos. Cuando Joaquín lo tuvo entre sus manos, llamó a varias personas, y nos dijo que el texto de borrador de la Constitución de UCD le parecía francamente malo, y que le gustaría que se hiciera una aportación importante. Nos propuso que nos dividiéramos por temas, y los económicos me los asignó a mí. Yo monté un grupo de cuatro o cinco personas, me repartí con ellos los temas económicos, y me reservé para mí mismo unos cuantos artículos, y uno de los que me reservé fue el de la definición del sistema. Cuando lo hice, le di a Joaquín el artículo que redacté: el que dice que en España rige un sistema de libre empresa en el marco de una economía de mercado. A Joaquín le encantó. También vio todos los demás artículos, y no tocó ni una coma. Con

gran fortuna, pasó la criba interna, se añadió una segunda parte, pero el primer párrafo se respetó. Pasó todas las cribas, internas y externas[280].

En efecto, la primera frase del artículo 38 de la Constitución, refrendada por el pueblo español en diciembre de 1978, quedó así: «Se reconoce la libertad de empresa en el marco de la economía de mercado». Fue un triunfo del liberalismo que orientaba Joaquín Garrigues Walker, pero fue un triunfo parcial porque la siguiente frase atenúo la fuerza inicial del texto: «Los poderes públicos —continúa el artículo 38— garantizan y protegen su ejercicio y la defensa de la productividad, de acuerdo con las exigencias de la economía general y, en su caso, de la planificación». Garrigues, sin embargo, consideró valiosa la aportación. La economía de mercado había logrado consignarse constitucionalmente en España: «Los partidos de izquierda y los sindicatos incipientes aceptaron resignados, y contra sus convicciones, la referencia Constitucional a ese modelo de producción de riqueza, pero consiguieron imprimir una cita testimonial a la planificación»[281].

El liberalismo de Garrigues, en todo caso y evidentemente, había permeado el texto constitucional, en uno de los artículos más definitivos, sensibles y polémicos de los que poseen las constituciones políticas. Y es que el ministro había sido siempre consciente de las dificultades que se tenían para persuadir a los españoles de buscar un sistema que hiciese competitiva a la economía. Se luchaba contra intereses fuertemente enquistados que, a su juicio, estaban vinculados al poder. Su agudeza le había permitido plantear el problema en esos términos: «En este sistema de creación y distribución de riqueza el Estado, y más concretamente

---

[280] Conversación con Julio Pascual, Madrid, 27 de marzo de 2000.
[281] Garrigues Walker, Joaquín, «La construcción de un nuevo Estado. Nuestra economía en el terreno de los principios», *op. cit.*

los hombres de Gobierno, pierden la facultad de decidir arbitrariamente sobre el mundo de la economía. Pierden, en definitiva, el control, lo que quiere decir que pierden poder»[282].

Una pérdida de poder que Garrigues hallaba necesaria. Que era la esencia del liberalismo que marcó su trayectoria intelectual dentro de la política. No obstante, los social-demócratas e UCD lograron introducir artículos, como el 128, el 129 y el 131, que propiciaban la intervención del Estado, mediante la planificación económica, «para estimular el crecimiento de la renta y de la riqueza y su más justa distribución». Esto, sin embargo, no le restaba fuerza al lineamiento constitucional más contundente y claro que reconoce la libertad de empresa en el marco de la economía de mercado, un triunfo de Garrigues y sus colaboradores.

Justamente, por entonces, se ponía en marcha el Club Liberal, conformado mayoritariamente por los seguidores de Garrigues. Se trataba de realizar actividades a favor de la difusión del pensamiento liberal, una manera de sobrevivir y permanecer en la escena pública tras la disolución de los partidos que integraron UCD. El Club organizó un ciclo de conferencias, bajo el título *Liberalismo y sociedad actual*. Fue inaugurado por el filósofo Julián Marías, que dio testimonio de su liberalismo, aunque no pertenecía a ningún partido liberal. Apuntó que el poder liberal es el que tiene límites y el liberalismo solo puede sobrevivir con la democracia. «El liberal es aquel que practica la libertad hasta el límite de sus posibilidades»[283], expresó.

En los círculos políticos, uno de los temas de conversación era el retraso de la celebración del I Congreso de la UCD. Garrigues había apuntado, en cita a Suárez, que «aho-

---

[282] Garrigues Walker, Joaquín, «La construcción de un nuevo Estado. Nuestra economía en el terreno de los principios», *op. cit.*

[283] *Ya*, «Julián Marías: liberal es quien practica la libertad», 18 de mayo de 1978.

ra sería más un Congreso disolvente que constituyente»[284] y afirmaba que no era partidario de hacerlo por el momento. Finalmente se acordó celebrarlo en el mes de octubre. Entrevistado por *Informaciones*, el ministro dijo que en la práctica el número dos del partido era Rafael Arias Salgado, con notable éxito en sus tareas. Manifestó que no esperaba del Congreso la configuración de una posición ideológica unívoca. Lo veía aún prematuro. Apoyó el liderazgo de Suárez, pero, si se abriera un proceso de sucesión, «habría que pensar en una persona poco conflictiva, es decir, que fuera aceptada por la gran mayoría con el mínimo rechazo posible»[285].

Las declaraciones de Joaquín recibieron las felicitaciones de su padre. «Me parecen muy buenas por lo equilibradas y pensadas»[286], le dijo. Creía que su hijo se hallaba en un muy buen momento político: «Creo que el momento político para ti es la mayor importancia en vísperas del Congreso de UCD»[287], pero lamentaba el tono de la política española por su bajo espesor. Reclamaba «una voz que, respetando cuidadosamente la capitanía de Adolfo Suárez, porque eso es muy importante, se eleve a temas más altos, más profundos y más universales»[288]. Eso tendría una gran resonancia. En este sentido, le recordó una vez más a John Kennedy en su discurso de inauguración del mandato presidencial. Hacía falta en España un discurso de altura. El exembajador insinuaba que esa voz debería ser la de su hijo.

De su tío, José Luis Garrigues Díaz-Cañabate, había recIbído por esos días una carta en la que le recomendaba a

---

[284] Urbano, Pilar, «Prefiero organizar la UCD que se ministro», *op. cit.*

[285] Fidalgo, Luis F., «No podemos gobernarnos por las advertencias de Alfonso Guerra o los consejos de Santiago Carrillo», *Informaciones*, 14 de octubre de 1978.

[286] Carta de Joaquín Garrigues Díaz —Cañabate a Joaquín Garrigues Walker, 18 de octubre de 1978.

[287] Ídem.

[288] Ídem.

una persona para un cargo dentro del ministerio. Joaquín era un hombre íntegro y pulcro y se negó a ayudarle. En tono humorístico, le respondió que le pidiera otra cosa y que comprendía sus deseos de favoritismo y amistad. «Es más, supongo que el poder arbitrario debe ser el más sabroso»[289], le comentó ante su inviable solicitud.

El I Congreso Nacional de Unión de Centro Democrático se celebró, finalmente y sin mayores sobresaltos, los días 19, 20 y 21 de octubre de 1978 en Madrid. UCD pasó, oficialmente, de coalición a partido. Adolfo Suárez fue elegido presidente de la agrupación política y Rafael Arias Salgado secretario general, tal y como lo deseaba y había previsto Joaquín Garrigues. El liberal Antonio Fontán, como miembro de la Comisión de Principios Ideológicos, redactó la declaración ideológica del nuevo partido, en la que se remarcó que era una amplia oferta política, equilibrada y dinámica.

La Constitución se aprobó el 31 de octubre de 1978 en el Congreso. La democracia quedaba plasmada en el papel. *Cambio 16* reflejaba el proceso seguido. Fueron 426 días de rosas y lágrimas. El rey estaba satisfecho con el final de la partida. El consenso había aceitado la maquinaria de las desavenencias y los intereses personales. Fueron siete los ponentes que se encargaron de la redacción de la Carta Magna, a los que se les llamó los padres de la Constitución: por Unión de Centro Democrático —UCD—, Gabriel Cisneros Laborda, Miguel Herrero y Rodríguez de Miñón y José Pedro Pérez-Llorca; por el Partido Socialista Obrero Español —PSOE—, Gregorio Peces-Barba; por el Partido Comunista de España —PCE—, Jordi Solé Tura; por Alianza Popular —AP—, Manuel Fraga Iribarne; y por las Minorías Catalana y Vasca —CDC, UDC, PSC-R, EDC y ERC—, Miquel Roca.

---

[289] Carta de Joaquín Garrigues Walker a José Luis Garrigues, 30 de octubre de 1978.

La Constitución, conformada por 11 títulos y 109 artículos, más las disposiciones adicionales, transitorias y derogatorias, llevaba, junto a la del rey, las firmas de Fernando Álvarez de Miranda, presidente del Congreso de los Diputados y Antonio Fontán, presidente del Senado.

El garante de Garrigues

No se sabe cuándo se conocieron personalmente Antonio Fontán Pérez y Joaquín Garrigues Walker. Pero cada uno sabía de la existencia del otro y se reconocían en la percepción de los problemas de España. Los dos nacieron bajo el signo zodiacal libra y los dos no se entendían. Se sobreentendían. No era necesario cruzar muchas palabras. Mentalmente coincidían y bastaba un gesto de humor de Joaquín y uno de gravidez de Antonio para poner en marcha una idea o desmontar un argumento inválido.

Los mismos argumentos que tenía el régimen para imponerle multas al diario *Madrid*, bajo la dirección de Fontán, mientras Garrigues las pagaba. Las críticas se financiaban hasta que la situación se tornó insoportable y se produjo el cierre del diario inconformista, como lo llamaba Fontán. Él había sido su director desde 1967 hasta ese día del 25 de noviembre de 1971.

Los liberalismos de cada uno los llevó a juntarse. La historia de esa corriente ideológica los remontaba en las conversaciones a las Cortes de Cádiz, a la Constitución liberal de Cádiz de 1812, por la que sentían mutua admiración. Conversaciones que también los llevaba a dialogar sobre el europeísmo orteguiano o sobre la necesidad monárquica en un país que, cuando no tenía rey, tenía guerras. Fontán fue uno de los preceptores del príncipe Felipe y amigo de don Juan, su abuelo.

Fontán, diez años mayor que Garrigues, era filólogo y sevillano. Ambos recibieron la influencia de José Ortega y Gasset, ambos eran demócratas irreductibles, ambos fueron empresarios y defensores de la economía de mercado y la libre empresa. Pero, por sobre todo, de las libertades políticas. El hecho de que Antonio perteneciera al Opus Dei y que hubiera podido ser un destacado líder de la democracia cristiana jamás creó resquemores en Joaquín. Porque ambos estuvieron siempre de acuerdo en la autonomía de la política y en la independencia de esta frente a Iglesia.

Periodista y profesor universitario de la Universidad de Navarra y luego de la Universidad Complutense, Fontán Pérez era un verdadero intelectual. Fue un intelectual de la política. La historia de su trayectoria en este campo empezó en 1973 cuando fundó con Garrigues Walker la Sociedad de Estudios Libra, en homenaje a sus signos zodiacales.

Alto como Joaquín, pero más corpulento, solía llevar traje y pisa corbatas, pero nunca pañuelo como Garrigues. Joaquín tenía mucho pelo y en Antonio escaseaba sin llegar del todo a la calvicie. No tenía el encanto personal de Garrigues, pero proyectaba el peso de su autoridad intelectual. Ambos lucharon por desmitificar su organización política de esa imagen elitista que proyectaba y ambos insistían en que ella era esencialmente un canal de la clase media. Según Cebrián, ese elitismo existía. Era un «cierto elitismo cultural que también tenía toda la familia Garrigues»[290].

Constituida la Federación, Garrigues ocupó la presidencia, Joaquín Muñoz Peirats, la vicepresidencia, y Ramón Pais, el cargo de secretario general. Los vocales fueron Jesús Aizpún, Soledad Becerril, Juan Cambreleng y José María Figuera. Fontán fue miembro del Consejo Federal, como presidente del Partido Demócrata de Castilla y León, en el que también aparecían otras figuras cercanas a Garrigues: Francisco Burguera, Eduardo Merigó y Julio Pascual.

---

[290] Conversación con Juan Luis Cebrián, Madrid, 23 de octubre de 2022.

Fontán y Garrigues apostaron por Adolfo Suárez cuando fue nombrado presidente del gobierno en 1976, a pesar de la reticencia generalizada y lo apoyaron cuando la coalición de Centro Democrático pasó a ser la Unión de Centro Democrático.

En las negociaciones entre Adolfo Suárez y los miembros del Centro Democrático, para acudir a las elecciones de junio de 1977, fue definitivo su apoyo. «De acuerdo con el testimonio de Fontán, «en cuanto Suárez decidió presentarse, «Garrigues, en nombre de nuestro pequeño partido liberal, la Federación de Partidos Demócratas y Liberales, fue el primer líder que se unió al proyecto. Después –y sin mucho tardar vinieron otros–, [...] Nuestro grupo, quizá por haberse adelantado, tuvo docena y media de parlamentarios en las primeras Cortes»»[291].

Con sorna sobre su amigo Garrigues, Fontán dibujó el cuadro de la época, donde Suárez aparecía con destacado bagaje político, incluso superior al de muchos que militaron a su lado:

> Fue un acierto aunque con vicios de nacimiento a veces compartidos por todos y también hay errores de Adolfo. Había esa falta de respeto hacia Adolfo, pues provenía de la Falange y, por otro lado, todavía operaba la idea de la meritocracia que corría en tiempos de Franco y quizás en otras épocas anteriores. Claro, Fraga era catedrático, Pío era registrador, José Pedro y Camuñas eran diplomáticos, Rodolfo era ingeniero industrial, Joaquín no había hecho nunca ninguna oposición pero era un Garrigues, y Adolfo era un abogado de provincias, con un bagaje de secretario de líder político, que es el camino normal que siguen en las democracias de todo el mundo aunque él lo hiciera a través de los canales del Movimiento. La figura del político sin meritocracia no estaba

---

[291] Cosgaya García, Jaime, *Antonio Fontán Pérez, (1923-2010). Una biografía política*, Valladolid, 2014, p. 403.

en los esquemas de la derecha española. Cuando resulta que, en cuanto a la formación política [Adolfo] tenía más que la mayor parte de la gente que estaba alrededor de él[292].

Ambos resultaron elegidos en las elecciones generales. Garrigues como diputado por Madrid y Fontán como él único que obtuvo un escaño al Senado por UCD en la provincia de Sevilla. Antonio se había ofrecido a esa candidatura para no entorpecer la de Joaquín en Madrid. Los dos no cabían en la misma lista. Fontán nunca puso en tela de juicio el liderazgo único de Garrigues ni nunca llegó discutirle su papel. Siempre fue consciente de que, políticamente, estaba unos escalones debajo de Garrigues. Y este siempre fue consciente de que Fontán era su garante intelectual.

Como se ha dicho, tras las elecciones, Suárez procedió a organizar el primer gobierno democrático. En el marco de una ajustada proporcionalidad matemática, distribuyó los principales cargos entre socialdemócratas, demócratas cristianos y liberales, las familias constituyentes de la Unión de Centro Democrático. Joaquín fue nombrado ministro de Obras Públicas y Urbanismo. Suárez y Garrigues convinieron, ante la ausencia de mayor espacio en el gabinete, que Fontán ocupara la presidencia del Senado. Bajo el cargo, firmó la Constitución, a la que llamó la «Constitución de la Concordia».

[292] Ibíd., p. 404.

Puerco gobierno

Los hábitos ciudadanos de dependencia del Estado mortificaban a Garrigues. Eran producto de una cultura que se había inoculado en el país durante el franquismo, y difícil de extirpar, salvo que hubiese un cambio en las estructuras del propio Estado y se convenciera a la gente de defenderse por sí misma. Por eso, en noviembre de 1978, recordaba una anécdota auténtica, que veía aplicable al pueblo español: «La oyó en directo mi amigo el profesor liberal Pedro Schwartz en una playa italiana el verano pasado. Una familia aborigen acababa de instalar la sombrilla, los utensilios de playa cuando empezó a llover. La reacción del jefe de la tribu fue inmediata, repentina: «llueve; cochino gobierno»»[293].

Esa dependencia, por ejemplo en el caso del desempleo, llevaba a pedir incesantemente que el Estado hiciera más carreteras, más viviendas, más regadíos, que se obligara a la empresa privada a invertir, que no se despidiera a nadie, que no se tocara la plantilla. Según Garrigues, este tipo de fórmulas afectaba las reglas de la economía de mercado, donde la libertad del empresario es una de sus columnas fundamentales. Reclamaba su defensa con convicción porque «la economía de mercado funciona mejor que ninguna otra economía si se cumplen sus reglas y no se vulneran sus

---

[293] Garrigues Walker, Joaquín, «Piove, porco goberno», *ABC*, 5 de noviembre de 1978.

principios. Puede elegirse otro sistema, pero el de mercado ha sido, con diferencia, el sistema que ha producido mayor riqueza y bienestar a mayor número de gente en todo el mundo»[294]. Invocaba así la normativa constitucional por la que tanto había trabajado, donde se estableció «la libertad de empresa en el marco de la economía de mercado»[295].

La Constitución, que así lo consignaba, fue aprobada en referéndum el día 6 de diciembre de 1978 con el 87 % de los votos a su favor, y fue sancionada el día 27 del mismo mes por el rey Juan Carlos I. Publicada en el BOE el 29 de diciembre. Fue notable, sin embargo, la abstención que alcanzó: 32,89%, que dio pie a que se empezara a hablar del desencanto en España. Tal vez no lo hubo tanto, sino fue más bien una respuesta natural al agotamiento debido a la tensión de los años vividos recientemente y a esa especie de saturación sociológica que produjo la intensidad de la Transición.

El ministro de Obras Públicas y Urbanismo se presentó en el Club Siglo XXI de Madrid. En la conferencia, pronunciada el 13 de diciembre de 1978, anunció prontamente que su intención allí era remontarse al mundo de las ideas, de los conceptos y de las ideologías porque «hay quienes pensamos que la política no es sólo pragmatismo»[296]. Garrigues expresaba su convicción sobre el valor de las ideas.

El ministro, que planteó el futuro de España en términos alternativos, entre un modelo de Estado igualitario y un modelo de Estado competitivo, mantuvo en pie la mayoría de sus anteriores postulados ideológicos. Su concepción sobre el Estado de derecho apareció reforzada por la lectura que había hecho de otra obra de Friedrich Hayek, *Derecho,*

---

[294] Garrigues Walker, Joaquín, «No te olvides de Clausewitz», *El País,* 19 de noviembre de 1978.

[295] Ídem.

[296] Garrigues Walker, Joaquín, «Un nuevo modelo de Estado», en *Joaquín Garrigues Walker. Perfil humano y político, op. cit.,* p. 176.

legislación y libertad, que citó durante la conferencia, a propósito de la Constitución, recién aprobada. Garrigues, inspirado por el economista austriaco, no solo alertaba sobre el peligro para la democracia de un exceso reglamentista, sino de los efectos que ello tendría para la libertad individual:

> La ley escrita, la ley de leyes que es la Constitución, es ciertamente una garantía contra el poder arbitrario de los hombres, contra la voluntad caprichosa de los poderes públicos. Pero como ha reconocido el propio profesor Hayek, ya al filo de los 90 años (en su obra Derecho, Legislación y Libertad, que es como el epílogo de su libro Los Fundamentos de la Libertad), el riesgo ahora para la democracia nace precisamente de un posible exceso reglamentista por la vía de las leyes ordinarias y orgánicas. Hay siempre una tentación por parte de todos los poderes públicos de 'proteger' al individuo, de protegernos dictando leyes y más leyes, de tal suerte que nuestra esfera de actuación individual quede reducida, nuestros aciertos y errores disminuidos y, a fin de cuentas, nuestras libertades limitadas. Son muchos quienes tienen muy poca fe en el orden que nace de la confrontación de las ideas, del ejercicio de las libertades, de la competencia económica y depositan, sin embargo, su confianza en leyes, ordenanzas y reglamentos que acaban, repito, reduciendo la esfera de nuestras libertades[297].

Pero la influencia de Hayek continúo y aumentó sobre todo a través de *Los fundamentos de la libertad.* A diferencia de lo expuesto hacía un par de años, modificó abierta y sustancialmente su concepción en torno a la política monetaria, y lo que antes fueron atributos del keynesianismo, pasaron a ser obstáculos para la estabilidad económica del país.

---

[297] Ibíd., p. 162.

Un mes antes de la conferencia en el Club Siglo XXI, el ministro de UCD ya había asumido su preocupación por la inflación que vivía España. Era, para él, el mayor problema del momento. Le había dado una dimensión superior, y, junto a las funciones esenciales que Adam Smith había asignado al Estado, como mantener el orden público y la defensa ante una agresión extranjera, Garrigues situaba la estabilidad monetaria. Había afirmado, en un artículo publicado en noviembre:

> [...] estando todos de acuerdo en que la inflación, el aumento del coste de la vida es el problema, nadie —quiero decir la gente de la calle, la opinión pública—, nadie, digo, sabe bien cómo acabar con ese problema.
>
> Pero el caso es que el Estado, y cualquier Gobierno, tiene una primera obligación que cumplir antes casi que ninguna otra, salvo, por supuesto, mantener el orden público y defender a la nación de un ataque extranjero. Esa obligación no es otra que mantener la estabilidad del signo monetario, interior y exteriormente. Esa obligación de cualquier gobierno, sea del signo que sea, debe asegurarse en todo momento y en cualquier circunstancia. Porque por ahí empiezan todos los males que luego se agrandan y llega un momento en que sólo cabe la cirugía. Si esa obligación debe cumplirla cualquier Gobierno, cuánto más ha de hacerlo un Gobierno democrático que aspira a la estabilidad y a la consolidación de un régimen político de libertades[298].

Garrigues, pues, que tenía claro que «el enemigo en nuestra economía es la inflación»[299], precisó en su conferencia que la verdadera derrota del problema sólo podría provenir de las reformas estructurales liberales, a efectuarse en tres ámbitos: equilibrio presupuestal, freno del cre-

---

[298] Ibíd., p. 81.
[299] Ibíd.

cimiento del sector público y reactivación económica sin intervención del Estado. Y, como reforma adicional, pero igualmente necesaria, buscar la independencia del banco central.

Fue en torno al tema de la reactivación económica que Garrigues, persuadido por Hayek, donde se apartó del todo del pensamiento de Keynes, a quien había seguido anteriormente en este aspecto:

> [...] debe abandonarse la creencia de que un Estado prepotente pueda reactivar la economía española a voluntad. En otras palabras, tenemos los españoles que superar el síndrome keynesiano como han hecho otros países occidentales ante la evidencia del fracaso. La reactivación de toda economía debe venir porque la empresa española vuelve a tener confianza en que sus inversiones sean suficientemente rentables[300].

En el tema inflacionario se pronunció de manera semejante a Hayek:

> La solución de los graves problemas de la economía a corto plazo no nos debe ni nos puede conducir a un mayor grado de intervencionismo estatal ni a un mayor peso del sector público. Digo esto porque es siempre la primera tentación de los gobernantes cuando se enfrentan, por ejemplo, con el problema del paro. Tratan de resolverlo con un aumento de las inversiones públicas, que se traducen en mayor presión fiscal o en un déficit presupuestario[301].

Muy cerca de Hayek, y tras introducir un cambio sensible en lo dicho dos años antes, Garrigues observó con inquietud la evolución del sindicalismo. Estimó que su creciente poderío en Europa se constituía en una amenaza a

---

[300] Ibíd., p. 105.
[301] Ibíd., p. 157.

las libertades individuales. Expuso, al igual que Hayek, el peligro de una política keynesiana de pleno empleo que, a través de incrementos salariales financiados con emisión monetaria, aumente la inflación.

Los tintes keynesianos, pues, que Garrigues había adoptado en algún momento de su vida se atenuaron sensiblemente dentro de su concepción liberal, tras haber profundizado en el pensamiento de Hayek. No obstante, mantiene su intolerancia frente a los monopolios, aunque ahora, con acento hayekiano, le concede mayor importancia a la necesidad de fomentar la competencia económica. Y, contrariamente a lo afirmado dos años atrás, el ministro de UCD consideraba que «la redistribución de la renta debe hacerse ayudando a los ciudadanos pobres directamente, con subvenciones para la adquisición de su vivienda, para la educación de sus hijos, o el cuidado de la salud de su familia»[302]. Para Joaquín, una política semejante había significado en el pasado ejercicio de un paternalismo democrático que no corregía la desigualdad social.

El 29 de diciembre, en cumplimiento del acuerdo entre el PSOE y UCD, se anunció la disolución de la Cortes y la convocatoria a elecciones generales el 1 de marzo y municipales el 3 de abril de 1979. Garrigues despidió el año con la noticia de la inauguración del Instituto de Economía de Mercado, bajo la dirección de Pedro Schwartz, y con publicación de su libro *Un año antes, un año después*, que circuló en Navidad en todas las librerías del país.

---

[302] Ibíd., p. 174.

El bazo más grande del océano

Tras la fiesta de Reyes de 1979, los españoles reasumieron sus actividades en medio de una entrevista concedida por Joaquín Garrigues Walker al periódico de izquierda *Mundo Obrero*. En ella, a manera de introducción, se habló de la solera del apellido Garrigues y de su amistad con los norteamericanos. El ministro, de entrada, explicó que uno de los nutrientes de UCD eran los liberales y que ese liberalismo debería ser un aglutinante importante del partido político. Por eso, se consideró a sí mismo «como una pieza insustituible. Primero, porque en política hay que creerse siempre que uno es insustituible, pues, si no se tiene esa moral, lo mejor es dedicarse a otra cosa. Y, en segundo lugar, porque esa corriente está representada por una serie de personas, entre las que me cuento. Las personas desaparecen, pero tendrá que haber alguien que represente a esa ideología, no como tal ideología dominante, sino como ideología que forme parte de su estrato»[303].

No negó su aspiración a la presidencia del gobierno, pero advirtió que para ello se requería de una evolución natural en la que influían muchos factores. Cuando se le informó de que existía el rumor de su salida ministerial en la próxima remodelación del gobierno, con su franqueza característica dijo: «Se me puede sacar del Gobierno, pero

---

[303] Vega, Pedro, «Entrevistas», *Mundo obrero*, 7 de enero de 1979.

lo que no se me puede quitar es de la política»[304]. Y agregó que, si algunos medios de comunicación hablaban de que su amigo Antonio Fontán podría ser el posible sucesor de Suárez, «sinceramente creo, y además coincido en esto con el propio Fontán, que es descartable como posibilidad inmediata»[305].

Joaquín se quejaba de la fecundidad legislativa que se desarrollaba en el Parlamento. Le planteó tal inquietud a José Pedro Pérez-Llorca, ministro de la Presidencia, el 3 de enero del nuevo año. La sugerencia de Garrigues era «desarrollar una normativa de carácter instrumental, es decir, decretos, órdenes y reglamentos que haga aplicables las leyes ya promulgadas que seguir elaborando leyes nuevas. En otro caso, disminuirá considerablemente la calidad de nuestra normativa y agotaremos la mayor parte de energía de nuestros gobernantes»[306]. Era una tarea que debería llevar a cabo el gobierno porque la explosión legislativa no tenía ni orden ni concierto. Esa fecundidad respondía, además, al hecho de que los españoles estuvieran pendientes de qué les ofrecía el Estado.

Días después fue entrevistado por la cadena Sapisa, dueña, entre otros medios de comunicación, de *La Vanguardia*, *Correo Español* y la *Voz de Galicia*. En ella, Garrigues se refirió al proceso electoral que se iniciaba y a los planteamientos de UCD en este sentido. El partido se «va a apoyar en lo conseguido hasta ahora, y no poniendo tanto énfasis en que hayamos sido los principales protagonistas de la elaboración de la Constitución, sino en que hemos sido capaces de gobernar en las circunstancias dificilísimas en que lo hemos tenido que hacer»[307]. El ministro desestimó la posibilidad

---

[304] Ídem.

[305] Ídem.

[306] Carta de Joaquín Garrigues Walker a José Pedro Pérez-Llorca, 3 de enero de 1979.

[307] Archivo personal de Joaquín Garrigues Walker.

de que UCD se descompusiera ante una derrota en las elecciones generales.

Garrigues, ya convertido en candidato a diputado por UCD, se ocupó de analizar el proceso electoral que se iniciaba. Concluyó que, lamentablemente, lo determinante no eran los programas sino las imágenes. Señalaba como aparecería un político «con un megáfono en el andén de un metro, otro jugando al fútbol con ímpetu de adolescente y aquel subido, en un andamio en conversación «relajada» con un trabajador de la construcción»[308]. Eran millones de españoles que no leían los periódicos y que habían visto a Garrigues en televisión. Cuando les daba la mano a uno de ellos, oía que le decía: «¿Cómo no voy a conocer a Rodríguez Walker?»[309]

Afirmaba, en tono electoral, que «los millones de electores que votarán el próximo 1 de marzo, quizás no lleguen a conocer ni tan siquiera el color de las tapas de los programas electorales de los distintos partidos. Pero saben e intuyen que las soluciones concretas que se ofrecen son muy distintas. La prueba es que en las elecciones de junio de 1977, después de tantos años sin votar, apostaron masivamente por el futuro y no por el pasado. Y el futuro, el próximo día 1 de marzo, sigue apuntando al centro sociológico del país. Porque, precisamente, desde esa perspectiva ha sido posible despejar este horizonte de libertades»[310]. La defensa de UCD por parte de Garrigues también pretendió difuminar luego la hipótesis de que su partido podría gobernar en el futuro en coalición. Son todas especulaciones. «UCD no está por la labor»[311], dijo.

---

[308] Garrigues Walker, Joaquín, «El color de las tapas», *El País*, 11 de febrero de 1979.

[309] Ídem.

[310] Ídem.

[311] Garrigues Walker, Joaquín, «¿Un gobierno de coalición?» *ABC*, 18 de febrero de 1979.

Mientras el país se veía azotado por las huelgas y la violencia protagonizada por ETA, los partidos continuaron con las campañas electorales que se iniciaron el 7 de febrero para las elecciones generales. Las negociaciones previas en el seno de UCD dieron como resultado la candidatura a diputado de Joaquín Garrigues por Murcia, lo que permitió situar a Antonio Fontán como tercero en la lista por Madrid, tras Adolfo Suárez y Leopoldo Calvo Sotelo. Era lo que esperaba Joaquín. Su suegro, José María de Areilza, reapareció en el escenario con la Acción Ciudadana Liberal y firmó un pacto con Alianza Popular de Fraga y con Alfonso Osorio que lideraba el Partido Demócrata Progresista, que luego tomó el nombre de Coalición Democrática. Los sondeos de opinión le daban el triunfo a UCD y situaban al PSOE como segunda fuerza política en el país. De nuevo, la mayoría de los españoles se aproximaba a la figura triunfante y seductora de Adolfo Suárez, a pesar de los cuestionamientos que empezaban a aflorar en el panorama interno de UCD.

Garrigues pronosticaba la caída en picada del Partido Comunista Español, bajo el mando de Santiago Carrillo. Lo dijo en una entrevista realizada por la *Gaceta Ilustrada*, donde además señaló que, «a medida que se consolide la democracia, se convertirá casi en una anécdota en el Parlamento español. Porque un partido con el peso específico que él representa, en cualquier otro país de Europa pasaría prácticamente desapercIbído[312]».

Joaquín impresionó al periodista que lo entrevistaba. «Joaquín Garrigues no es ese frívolo que algunos creen, lo que ocurre es que se toma la vida sin tragedias interiores ni dudas hamletianas»[313]. El actor político, que era él, ocultaba tensiones y disfrazaba sus tragedias interiores mediante

---

[312] Calvo Hernando, Pedro, Joaquín Garrigues Walker: «Carrillo será una anécdota en el parlamento», *Gaceta Ilustrada*, 4 de marzo de 1979.
[313] Ídem.

la seducción a los interlocutores, que los llevaba al terreno donde mejor expresaba su frialdad con ironía y humor, sin que nadie lo notara.

Con esa ironía, dijo en la entrevista que «en UCD se han refugiado sectores reformistas del ex franquismo pero no tenemos la exclusiva sino que esta se encuentra más situada a nuestra derecha. Hasta en el PSOE hay personas —de menor relieve— que han tenido cargos y han actuado públicamente en el franquismo»[314]. El aún ministro de Obras Públicas y Urbanismo hacía notar que, en la campaña electoral, el énfasis en la democracia era notable, a diferencia de las campañas de 1977 y eso, en concreto, resultaba resaltable.

Afirmo que «Fraga no tiene condiciones para la política»[315] y que «Franco ha sido el resultado de nuestra incapacidad como pueblo para gobernarnos»[316]. Sobre Suárez, precisó: «Tiene unas condiciones naturales absolutamente extraordinarias. Y no soy nada partidario del elogio»[317]. A Felipe González le reconoció su liderazgo, «pero tengo la impresión de que no sería capaz de soportar la presión o la tensión del ejercicio del poder»[318]. Y fue categórico en sus afirmaciones sobre la economía: «No soy keynesianista. No creo en el Estado como agente activador de la economía»[319]. Ratificaba así lo dicho últimamente, desde cuando reinició la lectura del pensamiento de Hayek.

Las elecciones generales del 1 de marzo dieron el triunfo a UCD, con un 35% de los votos, con un leve incremento frente a los comicios anteriores. La Coalición Democrática de Fraga, Areilza y Osorio fracasó estrepitosamente. Solo obtuvo el 5,9% de la votación. Muchos de los que habían

---

[314] Ídem.
[315] Ídem.
[316] Ídem.
[317] Ídem.
[318] Ídem.
[319] Ídem.

votado por Alianza Popular en 1977 se pasaron a UCD. El PSOE se consolidó como el gran partido de oposición con el 30, 5% de la votación. El PCE aumentó ligeramente, contra el pronóstico de Garrigues, mientras los partidos nacionalistas CIU y PNV sufrieron pérdidas de votantes. En suma, UCD obtuvo 168 escaños; PSOE, 121; Centro Democrático, 9; PNV, 7 y CIU, 8. UCD alcanzaba la mayoría simple en el Congreso. Garrigues Walker señaló que el triunfo de UCD era el producto del reconocimiento de la mayoría ciudadana de que el gobierno, sus parlamentarios y sus cuadros habían conducido con serenidad, prudencia y firmeza la cosa pública.

Garrigues había sido elegido diputado por Murcia, la tierra de su familia. Realizó una campaña intensa y agotadora, con cinco mítines por día. A los pocos días de terminar la jornada electoral, se sintió enfermo. No parecía una enfermedad fugaz y la noticia corrió entre la clase política y sus electores. Joaquín, que no conocía la gravedad de su situación, informó a Adolfo Suárez. El 14 de febrero le comunicaba que se marchaba a su casa provisionalmente, «pues debo volver a internarme dos o tres días y, entonces, al parecer, me darán el alta definitiva»[320].

El presidente captó la magnitud del problema de salud cuando se lo comunicaron directamente su esposa Mercedes de Areilza y su hermano Antonio Garrigues Walker. Tomó nota y procedió a reestructurar el gabinete ministerial. No podía contar con Joaquín en un cargo clave, de primera línea. Optó por nombrarlo ministro adjunto al Presidente de Gobierno y situar a Antonio Fontán, que había resultado elegido diputado, en el ministerio de Administración Territorial. Así cerraba el tema con los libe-

---

[320] Carta de Joaquín Garrigues Walker a Adolfo Suárez, 14 de febrero de 1979.

rales. El 6 de abril todos los ministros se posesionaron de sus cargos.

El gabinete quedó conformado, además, por Manuel Gutiérrez Mellado, como vicepresidente primero para Asuntos de Seguridad y Defensa; Fernando Abril Martorell pasaba a vicepresidente segundo de Asuntos Económicos; Marcelino Oreja fue nombrado ministro de Asuntos Exteriores; Íñigo Cavero, en Justicia; Agustín Rodríguez Sahagún, en Defensa; Jaime García Añoveros, en Hacienda; Antonio Ibáñez Freire, en Interior; Jesús Sánchez Rof, en Obras Públicas y Urbanismo; José Manuel Otero Navas, en Educación; Rafael Calvo Ortega, en Trabajo; Carlos Bustelo, en Industria y Energía; Jaime Lamo de Espinosa, en Agricultura; Juan Antonio García Díez, en Comercio y Turismo; José Pedro Pérez-Llorca, en Presidencia; José Luis Leal, en Economía; Salvador Sánchez-Terán, en Transporte y Comunicaciones; Juan Rovira Tarazona, en Sanidad y Seguridad Social; Manuel Francisco Clavero, en Cultura; Luis González Seara, en Universidad e Investigación; Leopoldo Calvo-Sotelo, en Relaciones con las Comunidades Europeas; y Rafael Arias Salgado, Adjunto para las Relaciones con las Cortes.

Suárez prescindió de figuras cercanas a él como Rodolfo Martín Villa, Pío Cabanillas y Francisco Fernández Ordóñez. Pretendía gobernar sin algunos barones del partido. Además, ya había tomado distancia de Torcuato Fernández Miranda y de Alfonso Osorio. Parecía que poco a poco sembraba el camino de cadáveres políticos. Y estos no serían los últimos.

El 3 de abril se habían celebrado las primeras elecciones municipales de carácter democrático. Constituyó un avance importante en la profundización de la democracia tras cuarenta años bajo el régimen franquista. Los ciudadanos ejercieron su derecho al voto y, de esta manera, eligieron a quienes de manera más cercana ayudarían a resolver sus problemas. Casi dos semanas más tarde, se posesionaron los primeros elegidos en los ayuntamientos. En los comicios triunfó de nuevo UCD, pero el PSOE logró la victoria, entre otras ciudades, en Madrid, Barcelona y Sevilla. UCD se dio por satisfecha con los resultados, muy semejantes a los obtenidos en las elecciones generales.

Pocos días después, Garrigues Walker dio a conocer públicamente, en *El País*, su enfermedad en un largo artículo titulado *Anecdotario curioso del bazo más grande del océano*. En él se refirió a un diputado-ministro, llamado Galinga Vásquez, que por supuesto era él, quien «se secó la última gota que le estaban inyectando en vena desde hacía más de 48 horas, sin otro ánimo que salvarle su vida política, porque la otra, la de todos los días, la de verdad, estaba más perdida que el Paraíso»[321].

En el escrito, donde dejó ver de nuevo su humor y su genialidad como escritor, contaba que «Los amigos difundían la noticia con mayor entusiasmo y menor tecnicismo que los expertos en bazo de todos los continentes, y algunos ofrecían su sangre a sabiendas de que era una oferta sin demanda, porque el bazo no tenía otra esperanza que seguir creciendo contra todo pronóstico [...], y entre tanto despertar de sensaciones nuevas, no fue menor que la de comprobar que sus amigos estaban dispuestos a enterrarle con todos los honores que le habían negado en vida y que algunos lloraban en verdad con tanta intensidad como el mismo Galinga»[322].

Contaba que los otros diputados-ministros lo visitaban porque «ellos sí tenían motivos de preocupación y no Galinga Vásquez, que tenía una excusa para ser arrojado al Caribe de los tiburones del Congreso sin otra prenda íntima con que tapar sus vergüenzas que el título de diputado»[323].

---

[321] Garrigues Walker, Joaquín, «Anecdotario curioso del bazo más grande del océano», *El País*, 8 de abril de 1979.
[322] Ídem.
[323] Ídem.

Aunque le habría gustado hacerlo, «no hablaré de nadie en concreto, porque, por grande que sea el bazo y escasas las esperanzas de recuperación, mayores son los riesgos de afrontar las iras de quienes sobrevivan a este crucero indefinido el día que los astros del destino y la voluntad omnímoda de quien solo tiene a Dios por testigo elija a unos y escupa a otros a la cloaca de sus profesiones anteriores»[324].

El diputado-ministro se llamaba Jacinto. Y al parecer del momento, el siguiente párrafo fue una referencia a Adolfo Suárez:

> Tenía cierto encanto, si es que esa era la palabra que mejor podía describir su desmadejada forma de comportarse como un tirano cuando la ocasión lo requería y echar en falta la generosidad de los demás para ocultar su egoísmo, pues nadie nunca como él desprecio tanto a quienes no triunfaban en la vida y ahí te quiero ver el día que te bajes del escaño […] Era admiración, pues no había otra palabra para describir su actitud ante pobre diputado-ministro que se había propuesto como única meta en su vida conquistar el palacio de Pilatos y lavarse las manos con la misma frialdad que aquel otro de las Escrituras y quizá por ello nunca supo que Galinga Vásquez sentía hacia él la misma admiración, el mismo desproporcionado entusiasmo, con la salvedad que lo disimulaba con el bazo porque entre sus virtudes primaba la de no manifestar sus emociones, circunstancia de su carácter que había heredado con el apellido Vásquez[325].

No dejó por fuera del texto a su esposa, «que hizo de aquella enfermedad una cruzada»[326], ni a las mujeres en general:

> Pues tal era el amor, el cariño y el entusiasmo que despertaba aquel bazo que las escenas de ternura se sucedían unas a otras

[324] Ídem.
[325] Ídem.
[326] Ídem.

en competencia por ganarse la mirada triste y agradecida de su titular. Sobre todo, las mujeres, millones de mujeres del otro lado del mundo que le llamaban y visitaban cada quince minutos exactos de reloj con la imposible esperanza de que un día cualquiera les autorizasen a tocar el bazo. Imposible porque Jacinto Galinga Vásquez sabía por experiencia que todo su encanto radicaba en no dejarse tocar, en mantener el fuego sagrado de su sonrisa apagada igual para todas, sin concesiones, monopolios o privilegios, pues bien sabía que su alternativa de poder no tenía otro milagro que ser de todas o de ninguna[327].

Ante una previsible mejora en su salud, escribió:

Millones de mujeres de todos los colores y trillones de cartas entraban y salían por los ojos de buey cada media hora con loas y lisonjas, contando sin fin las excelencias de su ilustrísima, lo imprescindible de su presencia, la finura de su genio y la sutileza de su preclara inteligencia. Y con ellas, con las cartas y las mujeres, se juntaban senadores sin ideología, diputados sin experiencia, altos cargos de todas las administraciones del Estado, políticos del pasado, del presente y del futuro, amigos de la infancia que nunca tuvo Galinga, maniobreros y alcahuetes, parientes tan lejanos como el horizonte de su salud, concuñados en sus terceras nupcias, embajadores, alcaldes, periodistas y fotógrafos de todas las ciudades del océano. Algunos, disfrazados de enfermeras, porque ellas también se merecen la flor de este recuerdo con la bufanda bicolor al cuello y la fotografía de Galinga maquillado en technicolor, prendida en la solapa izquierda para resaltar el contraste de sus inclinaciones sensuales[328].

---

[327] Ídem.
[328] Ídem.

Al final del artículo, situó las previsiones: «Cuando el capitán le dijo que el viaje continuaría dos o tres años más, aunque con menos público y el entusiasmo popular decreciendo en razón inversa al tamaño de su vaso y así la apoteosis se transformó con el soplo de los primeros alisios en una pesadilla que no era otra cosa que su nueva vida, sin cartas ni mujeres, ni tan siquiera titulares en los periódicos del Movimiento»[329].

Se trata, sin duda, de un artículo autobiográfico, cuyo contenido está lleno de sagacidad e ironía, salpicado por esas notas humorísticas de querer reírse de sí mismo. El artículo desató los rumores sobre el destino político de Joaquín, al punto de que generó a lo largo de 1979 una cascada de entrevistas de toda naturaleza. Eran como el anticipo de una despedida. Los médicos le dieron unos años más de vida, pero no era un pronóstico infalible. Los tratamientos clínicos y las recaídas, por otra parte, marcaron su presencia intermitente en la actividad pública, pero no se alejó de sus responsabilidades como ministro adjunto al Presidente ni de su papel dentro de UCD.

Suárez se había presentado a la investidura sin su habitual entusiasmo. Pidió primero la votación y después el debate. El cambio molestó a varios parlamentarios de UCD y no cayó bien entre la opinión pública, aunque Landelino Lavilla, nuevo presidente del Congreso, justificó el hecho por un vacío en el reglamento de las Cortes. Lo más trascendental de la intervención de Suárez fue cuando afirmó que «El consenso ha terminado»[330]. Se abría así una nueva forma de gobernar, donde jugarían el partido de gobierno contra la oposición. El presidente destacó la intención de poner en marcha el programa del partido.

---

[329] Ídem.

[330] Huneeus, Carlos, *La Unión de Centro Democrático y la transición a la democracia en España*, *op.cit.*, p. 262.

En junio, Joaquín Garrigues Walker publicó en *Cambio 16* uno de los artículos más emblemáticos de su trayectoria como columnista de prensa. Su título —*Las libertades con minúscula*— aún se cita cuando se hace referencia a los grandes hitos de la Transición. En el artículo, el entonces ministro adjunto al Presidente precisó que los partidos, tanto de derecha y de izquierda, solían emplear la palabra libertades en singular y con mayúscula: Libertad. Se trataba de «la libertad en abstracto, término que, para quienes creemos en la democracia formal, esconde muchas veces —y no digo siempre— el propósito de negarla o que, en todo caso, preconiza un modelo de libertad unitaria ajena a las que se garantizan y protegen en los sistemas de gobiernos pluralistas»[331].

Según Garrigues, además, estaban las libertades en plural y con minúscula: cada una de las libertades individuales y cada una de las libertades colectivas.

> Los españoles de nuestro tiempo somos conscientes de hasta qué punto los hábitos autoritarios adquiridos durante la larga etapa anterior condicionan nuestras actitudes. Gobernantes y gobernados de todas las tendencias políticas, hombres y mujeres de todas las clases sociales, nos movemos y actuamos con un temor reverencial a toda idea de cambio. Este miedo al cambio, a la confrontación y a la competencia esconde, de hecho, nuestro miedo al ejercicio de las libertades. Miedo que es, a su vez, caldo de cultivo para la expansión de las soluciones conservadoras y colectivistas.
>
> Todo ello se traduce en un deseo consciente de que el Estado nos proteja y defienda contra todos los riesgos consustanciales al ejercicio de nuestras libertades. Pues bien, en la medida en que nos entreguemos en manos del Estado vamos perdiendo nuestra capacidad de iniciativa y con ella renun-

---

[331] Garrigues Walker, Joaquín, «Las libertades con minúscula», *Cambio 16*, 3 de junio de 1979.

ciamos a nuestro protagonismo individual y el de la sociedad en favor de los poderes públicos.

Desde estas posiciones de renuncia, tanto a la derecha como la izquierda. se pretende, como objetivo principal, la construcción de un Estado fuerte que nos libere de nuestras responsabilidades, aunque sea a costa de nuestras libertades. Por este camino se avanza en una sola dirección hacia un modelo de sociedad empobrecida espiritual y materialmente[332].

Al final del artículo, el ministro hizo un llamado a su partido para que, sin temor, se abriera a la defensa de las libertades con minúscula. «Unión de Centro Democrático podría llegar a ser el partido de las libertades»[333], aseguró.

Partidario de la iniciativa privada, una semana más tarde Garrigues defendió la presencia de canales privados de televisión. Creía que la competencia podría mejorar la calidad de la pública. Citaba como ejemplo los telediarios, emitidos bajo el monopolio político y, por tanto, alejados de la realidad de los españoles, de los problemas de los españoles. Le resultaba difícil entender que se transmitieran permanentemente tomas de posesión y actos académicos sin resonancia alguna, mientras no se hacía ningún esfuerzo por descender a la calle. «Habría que proceder a una gran transformación en cuanto a la presentación de las noticias al público»[334], expresó. Sostenía que la televisión pública aún no se había democratizado.

En conversación acerca de la televisión, la periodista Rocío Fernández Iglesias revelaba a los lectores que a Garrigues se le identificaba entre la clase política por parecerse a Claudio, cuya serie se transmitió por aquella época. Aceptó la comparación. «Claudio es un ejemplo de político profe-

---

[332] Ídem.
[333] Ídem.
[334] Fernández Iglesias, Rocío, «Joaquín Garrigues: «La tv debe ser una ventana abierta a todos los españoles»», *op. cit.*

sional, que resiste durante muchos años a la presión despótica del ejercicio del poder, y que cuando le llega el turno lo hace lo mejor que sabe y con bastante honestidad»[335], manifestó. Confesó que estaba impactado por la serie *Raíces*, por la capacidad de autocrítica de los norteamericanos en el tratamiento de los negros. Y como parte de la propia autocrítica, Garrigues Walker precisó, explosivamente, que «el país es lo que somos nosotros todos, y aunque hay algunos fuera de serie sueltos y destacados, los demás damos la media y la media es lo que se corresponde con un país de tercera división en el contexto mundial»[336].

Una semana después, el ministro enfatizaba que las mujeres, al igual que los hombres, estaban ahora más preocupadas «por la defensa de las libertades individuales y colectivas de lo que han estado en las dos décadas posteriores a la última guerra mundial»[337]. El periodista Miguel Ángel Jiménez señalaba su actitud discordante con el presidente del gobierno: «Para el hombre de la calle, Garrigues Walker irradia la impresión de un cierto distanciamiento de la égida omnipotente de Adolfo Suárez. Todos reconocen, o temen en él, una inequívoca vocación de estadista»[338]. Un hombre «que arrastra, además, una vieja imagen yanquizante y kennediana»[339], cuyas palabras llegaban hasta la crítica a los propios empresarios: «Los empresarios prefieren el proteccionismo y los oligopolios, y viven una vida más cómoda si el Estado, de alguna forma, les garantiza su estabilidad y les evita los problemas laborales»[340]. Y argumentaba que no hay un gobierno democrático si los políticos no están

---

[335] Ídem.

[336] Ídem.

[337] Jiménez, Miguel Ángel, «Conversación con Garrigues Walker», *Dinero*, junio 15 de 1979.

[338] Ídem.

[339] Ídem.

[340] Ídem.

en la calle, «permanentemente en contacto con la opinión pública»[341].

UCD vivía ya momentos difíciles. En tan pocos meses era notorio el hilo deshilvanado que marcaban las actuaciones del presidente y su empeño en concentrar una buena parte de las tareas de los ministros, como fue el caso de Antonio Fontán, jefe de la cartera de Administración Territorial. Por desavenencias con él, Suárez decidió llevar adelante las negociaciones autonómicas con Cataluña y el País Vasco, lo que condujo posteriormente a la dimisión del ministro. Tampoco parecía claro cómo el presidente llevaba las relaciones con Juan Carlos I. Según el padre de Joaquín, en carta que le envió el 4 de junio, Juan de Borbón «ha dicho en una cena íntima que el «suarismo» de su hijo D. Juan Carlos, que era absoluto, había bajado últimamente algunos grados»[342]. Su hijo tomó atenta nota. Un mes más tarde, sin embargo, Joaquín salió al paso de las habladurías y sostuvo que, entre las funciones del Rey, desde el punto de vista constitucional, «no figura la de sustituir al presidente de gobierno a impulsos de su sola voluntad. El rey de España está y tiene que estar por encima de la lucha partidista»[343].

Dos días después de recibir el mensaje de su padre, apareció en *ABC* una entrevista concedida a su cuñada Cristina de Areilza. La periodista murió seis años después a causa de una leucemia. El día de la entrevista, sin aún padecer la enfermedad, habló con el político liberal que padecía leucemia, aunque en ese momento parecía haberse recuperado. Lo describió como «un hombre alto y delgado, con amplias gafas de concha, que encubren unos pelos rubios en me-

---

[341] Ídem.

[342] Carta de Joaquín Garrigues-Díaz Cañabate a Joaquín Garrigues Walker, 4 de junio de 1979.

[343] Garrigues Walker, Joaquín, «El mandato presidencial», *ABC*, 6 de julio de 1979.

chón y componen a veces una imagen de colegial travieso por sus salidas de humor acusado. Tiene un aire desenfadado: sabe convencer a través de su encanto personal»[344]. Añadió que había sido «un hombre formado en la eficacia y la seriedad anglosajona»[345].

En un diálogo muy personal con Garrigues, este le contó que la muerte de su madre, cuando tenía 11 años, «me dejó una huella muy profunda y, además, acabó con mi niñez y con la fantasía»[346]. Se definió como una persona compleja y con condiciones para el liderazgo. Dijo que se le facilitaba expresarse por escrito, pero, «para escribir, necesito un estado mental y emocional muy particular. Creo que escribo mejor bajo determinadas tensiones»[347]. La periodista afirmó que Joaquín proyectaba una imagen de frialdad. Lo aceptó, pero expresó que con esa frialdad hacía daño a otras personas. Apuntó su concepción sobre el amor: «No se puede vivir sin estar enamorado»[348]. Afirmó que en política «cada quien se pone una careta por la mañana para actuar de acuerdo con la representación escénica que le ha correspondido en suerte»[349]. Quizás, debido a que no tenía conciencia de la gravedad de su enfermedad, expresó que no había tenido una sensación próxima de muerte.

Abordó el tema del feminismo, consciente de ser un político que apoyaba los derechos de la mujer y su promoción en la sociedad:

El feminismo es, en definitiva, un movimiento de rechazo a una sociedad machista que, dicho sea entre paréntesis, lo ha sido durante centenares de generaciones y miles de años.

---

[344] Areilza de, Cristina, «Entrevista con Joaquín Garrigues Walker», *ABC*, 6 de junio de 1979.
[345] Ídem.
[346] Ídem.
[347] Ídem.
[348] Ídem.
[349] Ídem.

Yo no creo que los movimientos feministas puedan triunfar a corto plazo porque muchísimas mujeres no son feministas y, por otra parte, la mujer ha renunciado a demasiadas cosas durante demasiado tiempo en la historia de la humanidad para que ahora el feminismo tenga posibilidades de éxito. Personalmente, no tengo nada contra esos movimientos y me parecen muy bien, pero pienso que son todavía muy minoritarios y que su primer objetivo debería ser convencer a la propia mujer[350].

Reconocido por su sentido del humor, señaló: «Creo que me moriré con cierto sentido del humor y que si las condiciones de mi muerte no se producen con dolores muy intensos seré capaz al morir de pronunciar una frase con sentido del humor. Creo que nadie, hasta ahora, ha sido capaz de quitarme el sentido del humor»[351].

Según Garrigues, «la democracia es el régimen de libertades posibles. De libertades con minúscula en una sociedad humana»[352], mientras «el liberalismo es una forma de entender nuestra relación con los otros»[353]. En cuanto a la monarquía expresó que «no es posible concebir un rey que no sea aceptado y respaldado por la mayoría de un país»[354]. Le contó a su cuñada que sentía gusto por la literatura hispanoamericana, especialmente por Borges y Cortázar, y que tenía predilección por *El Quijote*.

«Yo estoy muy lejos de alcanzar el poder», le confesó a la periodista. En el fondo, Garrigues sabía que ser liberal no era una opción mayoritaria en España. Su liberalismo, como el de otros que lo abanderaron tras el fallecimiento del general Franco, no tenía circunstancialmente los vientos a su favor. Como ya se ha dicho, en España la ideología li-

---

[350] Ídem.
[351] Ídem.
[352] Ídem.
[353] Ídem.
[354] Ídem.

beral había tropezado, desde comienzos del siglo XIX, con graves dificultades para encarnar un Estado limitante del poder político y al servicio de los intereses comunes. Los diversos liberalismos existentes, desde 1808, se empeñaron infructuosamente en estructurar un Estado que no encajaba en las ambiciones ni en el status quo de una parte de la sociedad, heredera de privilegios e interesada en preservarlos. La Guerra Civil fue el punto culminante de un largo proceso de confrontación entre concepciones de Estado diferentes.

> En 1936 termina el siglo XIX español. El acontecimiento, de importancia histórica universal, constituyó, evidentemente, una consecuencia del gran fracaso del liberalismo español, que tuvo que enfrentarse a lo largo de su historia a obstáculos excesivos para una ideología que, si caló en la sociedad, no pudo llegar a instituir el Estado que necesitaba la nación[355].

Con el régimen franquista, enemigo a ultranza del liberalismo, las ideas liberales no desaparecieron. Muy por el contrario resultaron fortalecidas en virtud de pensadores e instituciones privadas que le dieron suficiente aliento como para permanecer vivas, al menos, en ciertos ámbitos intelectuales. Pero, sin duda, el liberalismo no era una ideología popular, y la concepción política e institucional que irrigaba el franquismo caló fuertemente dentro de la sociedad.

Garrigues Walker estaba convencido de ello, incluso después de la muerte del general Franco, incluso después de que el Movimiento se desintegrase, incluso cuando ya había sido aprobado la Constitución Política. Entre la sociedad española yacía una sólida estructura que no impunemente había sido construida palmo a palmo a lo largo de cuarenta años. Lo había dicho en 1976: el liberalismo había sido la ideología más atacada durante ese periodo y aún

---

[355] Negro, Dalmacio, *El liberalismo en España*, Madrid, 1988, p. 104,

siguen en pie las instituciones orgánicas y corporativas del régimen establecido en 1936.

Las dificultades históricas para la construcción de un Estado liberal eran inocultables para Garrigues. A mediados de 1979 afirmaba: «Digamos ahora que es ésta, en cierto modo, una operación contracorriente, contra nuestra tradición histórica, pues los españoles no tenemos casi experiencia de autogobierno, ya que no hemos sido capaces hasta la fecha de consolidar un régimen de libertades públicas»[356].

Poco tiempo más tarde, en ese mismo año, Garrigues, que veía en el intervencionismo la prolongación en el tiempo de una tradición antiliberal, enfatizaba:

> Contra ese clima generalizado en la sociedad y en el Estado español hay que luchar sabiendo de antemano que la actitud de frenar esos impulsos estatistas es un ejercicio a contracorriente. Quienes pretenden restablecer el equilibrio entre la actividad de un Estado moderno y el libre impulso de las iniciativas individuales son condenados como liberales, manchesterianos o capitalistas decimonónicos.
>
> Todavía la corriente mayoritaria en nuestro país parece ser la de quienes confían en el Estado y recelan del protagonismo de la persona y de su iniciativa[357].

Una semana después, al explicar el programa económico del gobierno de Adolfo Suárez, escribía que, además de todas las dificultades del momento, estaban «las ideas predominantes en los distintos sectores de la sociedad española [que] son confusas y escoran hacia un excesivo protagonismo estatal»[358].

---

[356] Garrigues Walker, Joaquín, «La construcción de un nuevo Estado. Los canales de comunicación», *Cambio 16*, 24 de junio de 1979.

[357] Garrigues Walker, Joaquín, «La construcción de un nuevo Estado. Nuestra economía en el terreno de los principios», *op. cit.*

[358] Garrigues Walker, Joaquín, «La construcción de un nuevo Estado. El programa económico del gobierno», *Cambio 16*, 11 de noviembre de 1979.

Y a la siguiente semana, en referencia a la tarea legislativa que se adelantaba, afirmó:

> [...] estas leyes que ahora hilvanamos contra reloj tendrán que ser asumidas por todos los españoles, tendrán que hacerlas suyas la sociedad en su conjunto, y esto nos llevará unos cuantos años de rodaje. Esas otras muchas reformas pendientes de nuestras instituciones públicas y esas más profundas de algunos hábitos y costumbres, propios de un régimen sin libertades, irán así, poco a poco, dejando paso a esa nueva sociedad del futuro inmediato[359].

Garrigues resumía esa dimensión sociológica contra el liberalismo en aquello que denominaba miedo al cambio, miedo a la libertad, propio de una sociedad que había vivido, históricamente, bajo el peso y protagonismo del Estado.

Esa adversidad histórica contra el liberalismo económico, que en Garrigues quedaba dramatizado cuando entendía que lo ejercía a contracorriente, venía expuesta, ciertamente y de manera beligerante, desde la Restauración de 1875, cuando la intervención pública invadió casi todos los ámbitos de la economía española, como lo explica el profesor Pedro Fraile Balbín:

> La política interventora de la Restauración borbónica se intensificó con el nacionalismo económico de principios de siglo y la Dictadura de Primo de Rivera. Incluso durante la Segunda República, a pesar de los cambios políticos, continúo este avance, pero fue tras la Guerra Civil de 1936-1939 cuando la estrategia económica del nuevo régimen hizo que la regulación y la intervención anticompetencia alcanzase a todos los ámbitos del mercado. En palabras de Enrique Fuentes Quitana, el caso de nuestro país a llegado a ser una situación de 'intervencionismo persistente del Estado en la vida eco-

---

[359] Garrigues Walker, Joaquín, «La construcción de un nuevo Estado. Otras reformas», *op. cit.*

nómica que ha llevado a que España carezca de un sistema de economía de mercado y a vivir bajo el peso permanente de una intervención discrecional de los poderes públicos'[360].

Este rápido ascenso en la actividad interventora del Estado —continúa Fraile— no tuvo lugar, sin embargo, en un vacío institucional. La creciente influencia estatal en lo económico tuvo su correspondencia en lo político y en lo cultural. La ideología de la intervención se desarrolló en paralelo con el poder del Estado y produjo no solamente argumentaciones teóricas basadas en, por ejemplo, las ideas nacionalistas y el corporativismo, sino análisis parciales dirigidos a justificar la intervención en situaciones sectoriales concretas.

No hay duda, pues, de que el liberalismo de Garrigues era, en efecto, una ideología a contracorriente y eso lo alejaba del poder. Sus tensiones internas parecían reflejar la contradicción entre la ambición por el poder y una ideología que lo distanciaba de ese poder. Trató, sin embargo, casi de manera empecinada, de abrirle paso a su proyecto ideológico y político, especialmente a través de UCD.

---

[360] Fraile Balbín, Pedro, Fraile Balbin, Pedro, *La retórica contra la competencia (1875-1975)*, *op. cit.*, p. 23.

*Joaquín Garrigues Walker durante
una intervención pública.*

El referente norteamericano

La periodista Cristina de Areilza, según se vio, describió a Garrigues en la entrevista que él le concedió como un hombre formado en la eficiencia y en la seriedad anglosajonas. La percepción era cierta. Para Joaquín, los Estados Unidos fueron un claro y constante referente. El hecho de haber permanecido allí entre 1956 y 1957, junto al de tener por madre a una mujer norteamericana, y un padre abogado cuyo despacho representaba a diversas firmas estadounidenses, forjó en España una imagen angloamericana de Garrigues Walker. Pero esa serie de circunstancias personales no habrían tenido mayor significación si a la vez no se hubiese dado en la época un sentimiento antinorteamericano entre los españoles. Se culpaba a los Estados Unidos del desastre de finales del siglo XIX, y los más radicales percibían a ese país como un aliado del régimen franquista, cuya expresión más contundente había sido la visita de Dwight Eisenhower a Madrid en 1959.

Joaquín Garrigues, a los 22 años de edad, ciertamente había quedado impresionado con los Estados Unidos. Desde entonces no dejó de llamar la atención sobre las peculiaridades de su sistema político y sobre la personalidad de su pueblo. Muy temprano, en 1969, ya se empeñaba en demostrar cómo, tras la ingenuidad aparente de los norteamericanos, había una evidente capacidad para adueñarse de todo. «Estos bárbaros tan ingenuos, que llevan años adueñándose físicamente de Europa y del mundo, nos sonríen con sus ojos azules para que no les demos mucha importancia»[361]. Y explicaba a continuación:

> Aquí, en España, tuvimos hace muy pocos años un embajador norteamericano que cantaba el chotis de moda 'Madrid, Madrid' en cada oportunidad social que se le presentaba. Y era supongo, para muchos, el prototipo de la ingenuidad americana. Los hombres de negocios americanos que han asaltado durante los últimos años las empresas europeas son también, en opinión de la mayoría, muy simples e ingenuos.
>
> Sin embargo, a la hora de la verdad, es decir, en la mesa de negociaciones políticas o económicas, estos bárbaros de ultramar han actuado con enorme inteligencia y habilidad y con un sentido de la realidad presente y de sus intereses futuros que difícilmente puede calificarse de ingenuidad. 'Simples como la paloma y astutos como la serpiente', que dicen las Sagradas Escrituras.
>
> No se hace un país como los Estados Unidos a base de ingenuidad. Aceptar esta evidencia me parece importante para que nuestra réplica al desafío americano tenga, si es que la tiene, alguna probabilidad de éxito. Vamos ya de una vez a acabar con el mito de la ingenuidad de los norteamericanos, porque en este juego lo mismo acaba resultando que los verdaderamente ingenuos somos nosotros[362].

Al año siguiente, en 1970, Garrigues explicaba cómo el término democracia occidental solía prestarse a equívocos, y, para aclarar el concepto, asociaba sus características a las del sistema americano. También calificaba a los Estados Unidos como ejemplo de liberalismo económico, aunque alertaba sobre el peligro que se corría allí por la crecien-

---

[361] Garrigues Walker, Joaquín, «América», en *Joaquín Garrigues Walker, Perfil humano y político, op. cit.*, p. 48.
[362] Ibíd., p. 49.

te intervención del Estado. A su vez, estimaba adecuado el modelo de funcionamiento de los grupos de presión en Estados Unidos, francamente transparentes ante la opinión pública en el desarrollo de sus actividades.

En el otoño de 1974, ante el Colegio de Economistas de Barcelona, Garrigues se refirió al rumbo diferente que había tomado la relación entre empresa privada y autoridad pública en los Estados Unidos y Europa. Explicaba a su auditorio cómo la estrecha relación entre una y otra, en los Estados Unidos, tenía su origen en la propia fundación americana:

> En los EE.UU. la iniciativa privada como motor de la economía del país fue aceptada por la Constitución como un acto de fe. Los padres de la patria, al socaire de los principios liberales que importaron conjuntamente con sus pobladores de las Islas Británicas y de Centro Europa, proclamaron el principio de la iniciativa privada como la base del desarrollo de su país. De ahí que la autoridad pública norteamericana y la empresa privada mancomunaran sus intereses, primero en el interior del país, y después como bandera para su expansión exterior[363].

Garrigues tampoco ocultaba su admiración por el desarrollo fundacional americano, caracterizado por la defensa del argumento básico del liberalismo, consistente en la limitación constitucional del poder político. En 1976 escribió:

> También antes de la Revolución francesa tuvo lugar la rebelión norteamericana contra el dominio inglés. Y también entonces los norteamericanos contribuyeron de forma decisiva a la creación de unas bases estables de convivencia civil, libre y pacífica. Porque fueron precisamente los colonos

---

[363] Garrigues Walker, Joaquín, «El Estado y la iniciativa privada en España», *op. cit.*, p. 94.

norteamericanos los primeros que entendieron que sin una constitución permanente, sin una constitución escrita, las libertades individuales estarían siempre amenazadas.

Todo el proceso constitucional norteamericano, que transcurre desde la Declaración de Independencia hasta la promulgación de la Constitución Federal, es un proceso dirigido a limitar el poder gubernamental o, como se ha dicho, dirigido a que el gobierno 'fuese un gobierno de leyes y no de hombres'.

La historia del proceso constitucional norteamericano es, en este sentido, espectacular. Tanto por la originalidad que en su momento representó la Constitución escrita como por la defensa que de ese texto escrito han hecho los ciudadanos y los tribunales norteamericanos durante los dos siglos de vigencia.

No hay que olvidar tampoco que las declaraciones de derechos que formularon los distintos Estados de la Unión sirvieron luego de modelo a los revolucionarios franceses en 1789[364].

En sus críticas a la planeación económica, como instrumento de intervención estatal, Garrigues citaba a los Estados Unidos como ejemplo palpable del desarrollo económico que se puede alcanzar sin necesidad de acudir a planes indicativos. Y, en defensa del proceso autonómico, no dudaba en señalar al federalismo norteamericano como ejemplo de la eficacia que puede producir el Estado regional.

Las referencias a los Estados Unidos se dieron de manera recurrente en los escritos de Garrigues Walker, y, en ellos, fueron múltiples las citas de autores estadounidenses liberales, como Milton Friedman, o europeos, pero radicados en ese país y vinculados a universidades norteamericanas, como el propio Hayek. Una constante que no sería

---

[364] Garrigues Walker, Joaquín, *Qué es el liberalismo*, *op. cit.*, p. 21.

extraordinaria ni en nada sorprendería si no fuese porque la mayoría de los contemporáneos de Garrigues se inclinaban sobre todo hacia la literatura política europea, a través de sus exponentes franceses y, en menor medida, ingleses y alemanes.

JOAQUIN GARRIGUES

El «número cinco» de la candidatura madrileña de la Unión del Centro es una vocación política por enjuiciar. De igual modo que cierto grado de independencia económica parece conveniente para la acción política y que no deja de ser útil algún respaldo de publicidad o experiencia familiar, cuando estos factores sobre-abundan pueden llegar a ser causa de dificultades, pues difuminan un poco los perfiles propios del político. Tal es el caso de Joaquín Garrigues Walker, abogado, financiero, presidente del Partido Demócrata; pero también hijo del ex ministro Antonio Garrigues, sobrino del insigne catedrático Joaquín Garrigues, nieto de un ingeniero jefe de ITT para España, marido de Mercedes Areilza... Parece inevitable que su nombre aparezca de alguna manera vinculado al bufete J. & A. Garrigues, a la Liga Financiera, a las Autopistas del Mediterráneo, al Chase Manhattan Bank, a las amplias relaciones de su suegro el conde de Motrico, a los poderosos intereses USA. Y, sin embargo, es posible que tales circunstancias, vitalmente afortunadas, deformen más que precisen la imagen del candidato.

Lo cierto es que Joaquín Garrigues Walker, un español de cuarenta y cuatro años que habla —según propia confesión— un mal inglés, tiene firme voluntad de caminar en la política por derroteros propios, sin dependencias familiares o intereses económicos cercanos. Tiene un aire, entre juvenil y deportivo, de intelectual inglés, al que contribuyen no poco las gruesas gafas de concha, el cabello rubio y algo crecido, la discreta sobriedad de sus trajes y la práctica constante de variados deportes. Habla despacio, en tono bajo, quizá excesivamente monocorde, con una punta de ironía que no acostumbra ir más allá.

Aparece en la escena política por 1974, esto es, ya «cuarentón». Asegura que su prolongada inhibición de los años más jóvenes se debe a falta de afición por los dos modos políticos imperantes hasta esa fecha: sumisión al regimencismo o acción clandestina. Se considera un hombre de la derecha liberal, sin inquietudes revolucionarias por tanto, pero asimismo reacio a las fórmulas autoritarias. Crea el Partido Demócrata, que muy pronto se funde en la Federación de Partidos Demócratas y Liberales, cuya presidencia conserva.

A finales de 1976, la FPDL se integra en la Alianza Liberal y, como parte de la misma, en Centro Democrático. Los planteamientos políticos de Joaquín Garrigues incluyen el reconocimiento del derecho que asiste a todos los sectores ideológicos para hacer indiscriminado acto de presencia en la vida pública; pero rechaza alianzas confusas entre partidos de idearios antagónicos. Defiende la propiedad privada y la libre empresa. Es, en suma, un buen ejemplo de lo que por estos pagos se vino llamando «derecha civilizada» y hoy se conoce como derecha inteligente.

El destacado puesto que ocupa en la candidatura de Unión del Centro hace muy probable que consiga un escaño en el Congreso. «Estoy cansado de tantos años de renunciar al poder», dice. Como parlamentario, tendrá que dar su medida política. Pocos van a contar con las facilidades de una biografía como la suya, sin persecuciones ni méritos especiales que airear, pero también sin «handicaps» de ningún tipo. Las Cortes constituyentes pueden hacer de Joaquín Garrigues Walker un político liberal de los que España también necesita para consolidar un futuro apacible.

Ricardo BLOM

Vivir con honestidad

Producto de una constante obsesión familiar, Antonio Garrigues Díaz-Cañabate jamás cesó en recordarle a sus hijos la figura de John Kennedy, sus hazañas, su manejo de la prensa, pero también sus ideas en defensa de la libre empresa. La vertiente norteamericana de los hijos Garrigues ayudó, además, a entender mejor esas concepciones. Joaquín sabía que los Estados Unidos constituían el baluarte de las libertades, la exposición del régimen democrático por excelencia y, junto a ellas, el país con mayor desarrollo de la iniciativa privada.

Garrigues comprendía, a su vez, y lo recordaba con frecuencia, que la democracia como forma de gobierno y la libre empresa como sistema económico habían nacido juntos y operaban, integralmente, en todos los países occidentales. Era el resultado de su apreciación sobre el funcionamiento de la democracia y la libre empresa en los Estados Unidos. No menos kennedyana fue su defensa de los derechos humanos. En diciembre de 1979, Garrigues Walker pidió a su partido político defender una sociedad que respete y garantice los derechos humanos. Y reclamó hacerlo de forma inequívoca.

Garrigues no era keynesiano. Kennedy lo fue. Garrigues condenaba la presencia excesiva del Estado. Kennedy, la requería. Pero ambos eran liberales en una dirección uniforme: en la defensa de una sociedad de libertades. En ello se asentó el liberalismo de los dos jóvenes políticos. Y a Garrigues le correspondió no ver amenazada la libertad, como a Kennedy, sino sencillamente no verla durante el régimen franquista. Y a ella se dedicó. Tal vez recordaba el discurso de posesión del presidente Kennedy, que los Garrigues se sabían de memoria por recomendación de su padre: «En la larga historia del mundo, algunas generaciones recibieron la misión de defender la libertad en momentos en que se hallaba en franco peligro. No me sustraigo a esta responsabilidad. La acojo con alegría»[365]. Y Garrigues siempre entendió que esa era su responsabilidad en España y la acogió con seriedad y alegría.

Como los Kennedy, el patriarca de los Garrigues indicó a sus hijos el valor de la dedicación, y Joaquín, en este sentido, tenía la misma filosofía política de John. Como lo sintetizó uno de los biógrafos del expresidente norteamericano, «La filosofía política de Kennedy es, ante todo, una filosofía de la acción, de la energía, del vigor. Hay que estar haciendo constantemente alguna cosa y salir del sopor funesto, tanto si se trata de la defensa nacional, de la política social, de la economía o de la lucha contra el comunismo»[366]. Así podría retratarse a Joaquín Garrigues Walker.

Y los Garrigues, como los Kennedy, daban mucho de qué hablar. El periodista Emilio Romero publicó un artículo sobre la familia a mitad de 1979. Antonio Garrígues Díaz-Cañabate le envió un mensaje de agradecimiento por la nota periodística. Le había llamado la atención un párrafo de Romero: «La historia para la familia Garrigues es como una fiesta de carnaval, como una comitiva china de hace mil años, como un gran desfile de carrozas, como el mundo que se mueve, y cambia las personas y las cosas, sen-

[365] Kaspi, André, *John F. Kennedy*, Madrid, 2003, p. 137.
[366] Ibíd., p. 137.

cillamente porque la tierra no es estática, sino que anda»[367].
El padre de Joaquín le aclaró que sí tenían cierto sentido
trágico de la vida, pero «tú sabes bien, por propia experiencia, cuánto esfuerzo, cuánta dedicación, cuánto sacrificio
exige la vida cuando uno se propone sencillamente vivir
con honestidad y con fervor. No estamos [los Garrigues]
en todas partes, pero en las que estamos, procuramos estar
con dignidad»[368].

---

[367] Carta de Antonio Garrigues Díaz-Cañabate a Emilio Romero, 11 de
junio de 1979.
[368] Ídem.

En el garaje del ministerio.

El miedo al viento

Entre el 17 de junio de 1979 y el 13 de enero de 1980 Garrigues publicó una larga serie de artículos, algunos de los cuales ya han sido materia de estudio en esta biografía. Son de naturaleza ideológica y fueron publicados en la revista *Cambio16*. Bajo el título central de *La construcción de un nuevo Estado*, desarrolló, uno a uno, los temas que, a su juicio, estimaba fundamentales para perfilar en la sociedad el modelo de Estado que habría que construir a partir de la Constitución de 1978.

Casi como un preámbulo a esa serie, Garrigues había publicado, ya, el 15 de abril y el 3 de junio, en el mismo semanario, un par de artículos reveladores. En el primero de ellos, el ministro de UCD profundizó en algo que había insinuado en su conferencia de diciembre de 1978: el miedo a la libertad. En su artículo afirma ahora que «no se aprende a vivir en un régimen de libertades hasta que se pierde el miedo al viento que levantan y a las fuerzas que se crean al impulso de su nacimiento»[369]. Se trata de una idea que perduraría en su pensamiento y cuyo origen puede hallarse en Hayek, en *Los fundamentos de la libertad*, cuando compara la reacción de los conservadores y los liberales frente al cambio: mientras los primeros se atemorizan ante él, los segundos confían en aquello que traduce transformación y

---

[369] Garrigues Walker, «La sonrisa de Callaghan», *Cambio 16*, 3 de junio de 1979.

evolución. Y, en ese mismo artículo, define por primera vez a la democracia en un sentido liberal: «La democracia es el arte de competir en la vida pública, con formas, métodos y procedimientos que deben respetarse porque esas libertades, que unos y otros pretendemos defender, están siempre en peligro»[370].

En el segundo artículo, aparte de insistir de nuevo en el temor al cambio y a la libertad, con lo cual caracteriza a la sociedad española de conservadora, Garrigues se mostró de acuerdo con Hayek en que colectivistas y conservadores tienen una misma concepción del modelo de sociedad, «porque ambos tienen muy poca fe en el orden que nace de las libertades individuales»[371]. Garrigues, así, por primera vez, de la mano del pensador austríaco, estableció las semejanzas que hallaba entre unos y otros:

> Tienen en común, marxistas y conservadores, un modelo de sociedad gobernada, dirigida (y manipulada) por el Estado o, como ellos dicen, por la Autoridad. Quienes se sienten liberales —término que va más lejos de la adscripción partidista— quienes ideológicamente militan en el campo liberal —y en este sentido hay muchos liberales que no saben que lo son en partidos de la derecha y de la izquierda— creen por el contrario que a quien hay que vigilar es al Estado. Piensan que el verdadero sospechoso es el Estado o, en expresión constitucional, los poderes públicos en sus distintas versiones y categorías.
>
> Frente al concepto de una sociedad dinámica permanentemente abierta al cambio y a todo tipo de transformaciones, conservadores y colectivistas defienden una sociedad jerarquizada y ordenada desde arriba. Para ambos la libertad ha de ser compatible con el orden establecido, con las normas que nacen de la autoridad de los poderes públicos que son,

---

[370] Ídem.
[371] Garrigues Walker, Joaquín, «Las libertades con minúscula», *op. cit.*

204

según ellos, los únicos depositarios de los valores, principios y creencias de toda sociedad. En otras palabras y como resumen: las libertades individuales y colectivas son, para ellos, una concesión gratuita que el Estado y sus autoridades deben controlar con el propósito, en teoría loable, de protegernos contra nosotros mismos, contra nuestros posibles errores y, en consecuencia, contra nuestros aciertos[372].

En su larga serie de catorce artículos, sobre *La construcción de un nuevo Estado*, Garrigues mantuvo su crítica al intervencionismo de Estado, al que relacionó directamente con Keynes. Defendió la necesidad de crear el marco legal para que pudiera desenvolverse la economía de mercado, al que le es consustancial «el derecho de los trabajadores a la huelga y la posibilidad de que los empresarios movilicen y flexibilicen las plantillas a tenor de las variaciones del mercado»[373]. Y estimó urgente consolidar el Estado de derecho, al que definió como aquel que se gobierna bajo el imperio de la ley, y que hace posible su cumplimiento por parte de todos los ciudadanos.

La continua influencia de Hayek sobre el pensamiento de Garrigues se hizo patente en esta serie periodística, sobre todo a través del libro *Derecho, legislación y libertad*. El economista austríaco, en el primer volumen de la obra, desarrolló el concepto de racionalismo constructivista, «que presupone que todas las instituciones sociales son o deben ser producto de un preciso designio o plan»[374]. Se pasa, así, por alto —agregó Hayek— la existencia del orden espontáneo que «deriva siempre inicialmente del general acatamiento de un conjunto de normas que nadie ha elaborado

---

[372] Ídem.

[373] Garrigues Walker, Joaquín, «La construcción de un nuevo Estado. Los problemas de verdad», *Cambio 16*, 1 de julio de 1979.

[374] Hayek, Friedrich A., *Derecho, legislación y libertad*, Vol. 1, Madrid, 1994, p. 23.

deliberadamente»[375]. Un orden espontáneo que no es producto de creación deliberada, sino que es endógeno o autógeno, contrario al orden que surge de la regulación de una organización. Para Hayek, en síntesis, ese orden espontáneo constituye el orden social. Garrigues, influenciado por esta concepción, consideró que la construcción del marco constitucional no debería apartarse de esos lineamientos:

> Quienes todavía militan en el campo de racionalismo constructivista sueñan con construir ese modelo de sociedad que han diseñado en los entresijos de sus cerebros, a base de un orden legal teóricamente sin fisuras y diseñado por mentes privilegiadas. En el mundo de la razón y de la abstracción ese orden aparece como perfecto. Pero una sociedad de hombres y mujeres libres —y la española pretende serlo— es mucho más rica en matices, más variada y distinta que la fantasía de los mejores cerebros constructivistas[376].

Incluso Garrigues, para explicar ese orden espontáneo, empleó la misma cita de Adam Smith que Hayek utilizó al comienzo del segundo capítulo de *Derecho, legislación y libertad*:

> El hombre, dijo en su día Adam Smith, dado a la sistematización, imagina que ha de poder ordenar los diferentes miembros de una sociedad con la misma facilidad que se disponen las piezas sobre un tablero de ajedrez. Y así podríamos citar otros testimonios de pensadores universales que iluminan el debate, desde los griegos, sobre ese 'orden espontáneo' que configura la sociedad humana[377].

---

[375] Ibíd., p. 85.

[376] Garrigues Walker, Joaquín, «La construcción de un nuevo Estado. Otras reformas», *op. cit.*

[377] Ídem.

Garrigues llegaba así a configurar un liberalismo sustancial, con amplio respaldo teórico, que expresaba sólidamente. Al final de esta serie periodística, era un liberal de ortodoxia fulminante, que había transitado por un rápido proceso evolutivo, de poco más de una década, en el que su liberalismo había pasado de la heterogeneidad a la homogeneidad y en el que había transitado de lo elemental a lo complejo, sin haber perdido la claridad con que siempre acompañó sus escritos.

Garrigues Walker concluyó su serie en *Cambio 16* con un artículo de recapitulación, sobre la organización territorial. En él llamaba la atención sobre los obstáculos y resistencias que dificultaban la construcción de un nuevo Estado. Un Estado que, en síntesis, fuera «eficaz, moderno y democrático al servicio de una sociedad abierta y competitiva»[378]. En suma, un Estado demoliberal.

---

[378] Garrigues Walker, Joaquín, «La organización territorial del Estado. Recapitulación», *Cambio 16*, 13 de enero de 1980.

García Añoveros y Garrigues quieren más democracia interna en UCD

Jaime García Añoveros, ministro de Hacienda, y Joaquín Garrigues Walker, ministro adjunto a la Presidencia del Gobierno, defendieron ante las asambleas provinciales de UCD en Sevilla y Murcia, respectivamente, que el partido gubernamental debe incrementar su democracia interna y su espíritu de confrontación.

Ambos ministros fueron elegidos presidentes de las organizaciones centristas sevillana y murciana

En la práctica culminación del proceso democrático llevado a cabo durante el fin de semanas, Rodolfo Martín Villa fue elegido presidente de la UCD leonesa y Alvarez de Miranda de la palentina.

Jaime García Añoveros, ministro de Hacienda y diputado centrista por Sevilla, se convirtió en presidente provincial de UCD de Sevilla al triunfar su candidatura en las elecciones al comité ejecutivo provincial.

La candidatura encabezada por el ministro de Hacienda derrotó por un amplísimo margen la lista presidida por el tercer teniente de alcalde de Sevilla, Rafael López Blanco.

Convertido ya en nuevo presidente provincial de la UCD, García Añoveros recalcó el interés de su equipo en consolidar e incrementar la democracia interna dentro del partido, según Efe.

La asamblea provincial centrista eligió además de la comisión ejecutiva —en la que quedaron integrados siete representantes de la lista de López Blanco, de adoptar con los llamamientos al consejo político y el consejo de disciplina.

El ministro de Cultura, Manuel Clavero Arévalo, quedó incorporado a la comisión ejecutiva en calidad de presidente del comité regional de Andalucía de UCD.

Joaquín Garrigues Walker consiguió en Murcia una ejecutiva provincial totalmente identificada con su línea política al ser la segunda lista más votada que había promovido su propio equipo para restar votos a la del anterior presidente provincial, Joaquín Esteban Mompean.

En la presentación de su candidatura el ministro adjunto a la Presidencia del Gobierno y líder de la línea liberal de UCD declaró que «la unidad de UCD no puede estar basada en el silencio de muchos, sino en que todos puedan hablar, en que la confrontación sea posible».

«El partido es de todos nosotros, no de nadie en concreto. Yo no soy de Suárez, sino de UCD. Pero también debo decir que estoy con Suárez y estaré con él como presidente mientras dure su mandato», manifestó Garrigues, según Efe.

Olarte, reelegido

Lorenzo Olarte Cullen consiguió ser reelegido presidente provincial de UCD de Las Palmas tras un duro enfrentamiento con la línea encabezada por el diputado Bravo de Laguna y el senador Gregorio Toledo.

Olarte, presidente de la UCD en el período anterior, tuvo que escuchar encendidas críticas de Gregorio Toledo quien denunció la inexistencia de respuestas centristas a elemas sus candentes para el archipiélago como el de las bases militares, las alianzas militares internacionales, el ingreso en el Mercado Común, la autonomía, etcétera.

Olarte aludió a la intervención de su compañero afirmando que no era el momento de hacer demagogia barata. El ex asesor del presidente del Gobierno admitió que la organización había cometido errores y manifestó que esperaba que el debate beneficiara a la unidad del partido.

La candidatura encabe-

Garrigues (izquierda) y García Añoveros, presidentes en Murcia y Sevilla.

zada por Olarte obtuvo 336 votos y la de José Miguel Bravo, 186.

Tras la elección de la ejecutiva, Olarte y Bravo afirmaron a los medios informativos que no se produjeron escisiones en la UCD informó su corresponsal D16.

Málaga: Ganó el ex alcalde

Luis Merino Bayona, ex alcalde de Málaga, consiguió derrotar en la asamblea provincial de UCD al actual senador centrista en el Senado, Francisco Villodres, y erigirse así en presidente provincial.

Bolea: Victoria por los pelos

En Zaragoza, Juan Antonio Bolea Foradada, presidente de la Diputación General de Aragón, fue reelegido presidente provincial de la UCD por sólo dos votos de diferencia sobre la candidatura encabezada por Gaspar Castellano, presidente de la Diputación zaragozana.

Con estos resultados —181 votos por Bolea y 179 para Castellano— el presidente de la Diputación General estuvo a quince de sus hombres en la ejecutiva provincial quedando los restantes para el equipo de Castellano.

Fuentes centristas comentaron a D16 que la asamblea provincial reveló que el poder de Bolea ha menguado y que son ardidas de un sólo tenifra que luchar contra la oposición aragonesa que ha tenido que tener que vigilar muy estrechamente a muchos hombres de su partido.

Martín Villa, presidente

La asamblea centrista duró casi once horas y estuvo cargada de tensión, incrementada por las acusaciones entre militantes, según pudo saber el corresponsal de D16.

La candidatura de Luis Merino contó en la elección con el apoyo del hasta ahora presidente provincial de UCD y secretario regional de Andalucía, Francisco de la Torre Prados.

Rodolfo Martín Villa, ex ministro del Interior logró la presidencia de la UCD leonesa al derrotar las candidaturas a la ejecutiva provincial encabezadas por el padre Martínez Fuertes y Luis Diego.

Con la victoria de Martín Villa sobre el sector conservador, representado por Martínez Fuertes, y el sector joven del partido, encabezado por Luis Diego, José Antonio Caballeroz quedó confirmado como secretario general de la UCD de León, informó nuestro corresponsal.

Fernando Alvarez de Miranda, ex presidente del Congreso de los Diputados y representante de la tendencia democristiana en UCD, fue elegido presidente provincial de la UCD en Palencia.

Una semana antes de la celebración de la asamblea provincial que eligió la ejecutiva, la línea política del ministro de Educación José Manuel Otero Novas obtuvo una victoria al conseguir José Carlos Sánchez del Valle la presidencia del comité local de Lugo.

La suerte está echada

Las habladurías sobre si Suárez continuaría o no en el poder, con solo tres meses de gobierno a sus espaldas, impregnaban a la opinión pública. Garrigues salió a asegurar que se cumpliría la legislatura de los cuatro años, pero «no quiero decir con esto que haya que descartar de forma absoluta la posibilidad de unas elecciones en un tiempo más corto. En épocas de tránsito ocurre a veces que, por circunstancias adversas, hay que renovar la confianza de los electores en plazos menores de los legalmente previstos. Pero esta ha de ser la excepción y no la regla»[379]. Suárez quedaba advertido sobre lo que se cocía entre algunos barones de UCD.

Mientras se desarrollaban los procesos autonómicos del País Vasco y Cataluña, bajo la dirección de Suárez y con encargos precisos en esta materia a su cercano colaborador José Pedro Pérez-Llorca, ministro de la Presidencia, Garrigues se mostraba partidario de tener muy cerca a los vascos. En carta dirigida a Pérez-Llorca, entonces ministro de la Presidencia, le precisó:

> En cuanto a tu preocupación sobre el propósito final que anima a los vascos que discuten con vosotros este proyecto ya sabes que no la comparto. Puede ser que haya efectivamente quien piense que este es un paso previo, un camino hacia la independencia. Yo creo por el contrario que a medida que

---

[379] Garrigues Walker, Joaquín, «El mandato presidencial», *op. cit.*

los vascos como país y nacionalidad del Estado español empiecen a ejercer las competencias que les transfiere el estado central se irán soldando los vínculos de la unidad nacional porque irán perdiendo los recelos acumulados de tantos años de incomprensiones. Podrás decir que esta es una apuesta a ciegas, un voluntarismo, una declaración de intenciones por mi parte. Y yo seguiré pensando que tal apuesta es la otra, la de quienes creen que este es el principio del fin. La historia nos dirá pero en todo caso si los vascos todos o por mayoría abrumadora un día deciden que no quieren ser españoles acabarán por las buenas o por las males ganándonos la guerra[380].

Joaquín, además, fue consultado por los líderes catalanes Jordi Pujol y Miquel Roca sobre la negociación del estatuto autonómico, cuyas opiniones trasladó a Suárez, al no considerarse un interlocutor válido. En el verano de 1979, los procesos vasco y catalán culminaron relativamente bien. En la primavera, el ministro había señalado ante la opinión pública: «El presidente Suárez que, como el presidente Kennedy, no ha tenido nunca temor a negociar [dará frente al] problema del País Vasco la medida de su verdadera talla política»[381].

Garrigues dedicaba el tiempo que le dejaba la enfermedad a sacar adelante unas propuestas de reforma del Instituto Nacional de Prospectiva, que venía de ser el Instituto de Estudios Económicos. Se trataba de fortalecer este organismo, vinculado al ministerio de la Presidencia de Gobierno.

---

[380] Carta de Joaquín Garrigues Walker a José Pedro Pérez-Llorca, 11 de junio de 1979.
[381] Garrigues Walker, «Un nuevo horizonte», *Cambio 16*, 25 de marzo de 1979.

Garrigues sorprendió a la opinión pública con un artículo en forma de metáfora, publicado en *El País*, a fines del mes de junio. El ministro redactó un sorprendente texto literario, bajo la modalidad de cuento o relato breve, donde encarnaba a un pelícano que se había descolgado de la jaula de oro en la que vivía entre barrotes de oro y plata.

Contaba que «Si el pelícano llegó a la meta fue por la suma del azar y de su herencia, pero esto no lo aclaró para proteger su imagen y su crédito frente a quienes no le habían visto aterrizar en circunstancias de emergencia sin ninguna visibilidad, contra las órdenes concretas de la torre de control»[382].

Más adelante denunció su propia existencia, completamente solitaria:

> El pelícano empezó por confesar que él también había llegado a la jaula con una revolución pendiente bajó el vaso (se confundió para rectificar enseguida y decir «brazo», porque lo otro no tenía sentido) y que al poco tiempo de llegar comprendió que su revolución seguiría pendiente porque el horno no estaba para bollos y por muchas otras razones, entre los que primaban dos: aquella revolución pendiente es muy probable que no lo entendiese nadie, ni dentro ni de fuera, porque el orden burocrático y colectivo era para unos y otros panacea universal, y, segunda razón más grave, se trataba de una revolución sin revolucionarios de las que la historia tiene tantísimos ejemplos, en verdad más que de las otras. O dicho de otra forma más vergonzante: el pelícano no tenía seguidores[383].

Al final del artículo, el autor contó que en realidad el pelícano había tenido una pesadilla y comprobó que seguía

---

[382] Garrigues Walker, Joaquín, «El pelícano que se descolgó de la jaula de oro», *El País*, 24 de junio de 1979.
[383] Ídem.

dentro de la jaula de los barrotes de oro y plata. Esa jaula, en la interpretación de la sutil metáfora, era el gobierno al que Garrigues pertenecía y del que no salió sino en forma de pesadilla para desnudar su verdadera existencia.

Las críticas al presidente no cesaban. Según Garrigues, ellas se condensaban en afirmar que Suárez no era el hombre que se necesitaba para este momento, que se refugiaba en la Moncloa, que no daba explicaciones de nada ni a nadie y que le faltaban condiciones de estadista. Les señalaba a los críticos que no se trataba de encontrar el Mesías, sino de «ver como lo podemos hacer mejor siendo todos como somos»[384]. Pero, cada vez más, se acentuaban los reproches contra el presidente y, desde diversos sectores, se especulaba sobre el futuro de un gobierno amenazado por una nube de incertidumbre. Aunque Garrigues salía recurrentemente a defender a Suárez, sus palabras, puestas entre líneas, permitían deducir que en el interior del gobierno no había cohesión. Además, eran ya ostensibles las aspiraciones presidenciales del ministro, al punto de que el presidente lo veía como un adversario.

A ello se sumaban una escasa presencia de UCD como partido, su desorganización interna y el inalcanzable objetivo de hallar una clara integración ideológica. Garrigues reconoció que todo esto sucedía y, como una parodia a la expresión inglesa, manifestó que la situación «es desesperada pero no grave»[385]. Sin embargo, resaltaba dos fallos graves en la organización política: «el primero es la falta de información y comunicación entre los distintos niveles del partido; el segundo es la falta de discusión y debate interno»[386]. Le atribuía estos fallos a «una larga etapa de secretismo y

---

[384] Garrigues Walker, Joaquín, «Se busca un Mesías», *ABC*, 29 de julio de 1979.

[385] Garrigues Walker, Joaquín, «Autocrítica», *ABC*, 7 de septiembre de 1979.

[386] Ídem.

ocultación de los problemas de nuestra vida política como nación»[387]. Señalaba, a la vez, un distanciamiento de las bases y un miedo al debate interno. Confiaba en que los congresos futuros fueran escenarios para debatir los problemas y la realidad política de España. Garrigues, pues, había identificado dos males en UCD. Ellos cabalgarían en el tortuoso camino que le esperaba a esta organización política.

Estaba inquieto con la situación económica, y desde su cargo de ministro Adjunto al Presidente, trabajó directamente con Fernando Abril Martorell, vicepresidente segundo del Gobierno para Asuntos Económicos. Trataba así de influir en el programa a medio plazo para la Economía Española desde una óptica liberal. Le confesaba a Abril que no compartía muchos aspectos de los tratados en el Consejo de Ministros, «porque lo descubrirás fácilmente al leerlo»[388], en especial en política de empleo y política monetaria. El sello liberal de Garrigues quedó plasmado de manera parcial en el documento de trabajo que él entendía, con las modificaciones sustanciales en esas materias introducidas por él, «que son, pienso yo, las que realmente producirán el impacto que requiere nuestra economía para comenzar a salir de la crisis»[389].

En el documento se dijo:

> La inflación no puede reducirse si no se pone en práctica una política monetaria responsable; esta exige a su vez del Estado, la reducción del déficit público, en la medida que este déficit reduce las oportunidades de financiación al sector privado compatibles con la restricción monetaria y deprime la actividad económica, agravando aún más el problema del paro. La inversión privada no depende directamente del Es-

---

[387] Ídem.
[388] Carta de Joaquín Garrigues Walker a Fernando Abril Martorell, 1 de agosto de 1979.
[389] Ídem.

tado, pero este sí puede remover cuantos obstáculos institucionales la dificulten[390].

El año de 1979 no había sido un año fácil en términos de tranquilidad pública. En mayo, el GRAPO cometió el atentado contra la cafetería California 47, donde fallecieron ocho personas. ETA, por su parte, no ponía freno a su acción terrorista, mientras el PNV lograba mejorar sus condiciones de negociación con el gobierno al amparo de presentarse como la fuerza neutralizadora de la violencia. En los bajos contornos de la extrema derecha se tramaban conspiraciones y se mostraba al gobierno como una institución incapaz de gobernar debidamente. La Transición era golpeada. Garrigues, con el objeto de defenderla, expresó en el diario *ABC*. «Hasta los propios críticos de este tránsito —que no tengo inconveniente en reconocer que crecen a medida que se suceden los acontecimientos sangrientos y las situaciones conflictivas— tendrán que admitir que ni los más optimistas, el día de la muerte del general Franco, aventuraban una solución tan satisfactoria como la alcanzada»[391].

Y recurrió al pasado para recordar dónde y cuándo comenzó la pérdida de libertades y el desangre de España:

Salimos al comienzo de esta etapa de tránsito de un larguísimo periodo de nuestra historia que tuvo su origen en una guerra de crueldad y violencia casi incomparables en la historia universal. No entro ahora a juzgar esa etapa, pero sí digo e insisto que aquel régimen se estableció a un coste en sangre, sudor y lágrimas que no se necesita enfatizar. Ni siquiera niego que aquel régimen tuviese un periodo de relativo esplendor —la década del 60— a un precio, sin embargo, que no es cuantificable en cifras; la falta de libertades. Pero aquel

---

[390] Ídem.
[391] Garrigues Walker, Joaquín, «La Transición», *ABC*, 27 de septiembre de 1979.

régimen tuvo también —aparte su origen bélico— un larguísimo periodo negro desde 1939 hasta finales de los años 50.

Para quienes pensamos, con Julián Marías, que el hombre, simplemente para hacerlo, necesita ser libre, la valoración global de un régimen político que ahoga y suprime esa necesidad vital es siempre negativa[392].

El ministro entendía que los cambios en las estructuras de poder, como la Transición, provocaban sangre y España no eran la excepción. De esta manera, se adelantaba a los estudios historiográficos del futuro donde algunos investigadores han llegado a las mismas conclusiones. El revisionismo sobre esta etapa histórica pretende demostrar que la Transición no fue modélica y que debe resignificarse su valor. «Una de las fábulas instalada es el carácter pacífico del proceso de cambio; como otros, todos los procesos de mitificación habría que evitarlos por su carácter irracional. El mito de la transición pacífica, exportable, pacífica, sin sangre»[393], apunta Montserrat Duch Plana en uno de sus trabajos. Garrigues se adelantó a desmitificar ese periodo y señaló, con 35 años de anticipación, su carácter violento y sangriento.

A su vez, de manera clara y contundente, Garrigues explicó:

El proceso de transición ha permitido establecer con muchísimos problemas un régimen de libertades en el que es teóricamente posible la convivencia de todos los españoles sin otra excepción que la de los grupos que se automarginan por el terror y la violencia. Y, sin embargo, son estos grupos marginales e infinitesimales los que pretenden poner en entredicho la viabilidad del nuevo régimen por fallos y culpas

---

[392] Ídem.

[393] Duch Plana, Montserrat, «¿Una modélica transición a la democracia en España (1976-1982)?», en *Los partidos en la Transición*, *op. cit.*, p. 43.

que pueden ser imputables a la clase política y por razones obvias y en primer lugar al propio gobierno. Pero en ningún caso al nuevo régimen político. Y aquí, sin embargo, está la trampa dialéctica o la justificación golpista»[394].

El ministro admitió los fallos del gobierno, los posibles fracasos y errores, y, de nuevo, como lo había hecho tantas veces en el pasado, afirmó que se «procederá en ese supuesto sustituir a unas personas por otras, lo que es perfectamente válido y viable en un régimen democrático»[395].

En un cambio de tercio, Garrigues agradeció los tiempos de la política de calle, de pueblos y de paisanos. Si no hubiera sido por esta «profesión de locos»[396], no habría conocido todas las Españas, donde descubrió «vidas de españoles anónimos que trabajan de sol a sol, de hombres y mujeres hechos a sí mismos de verdad de la buena»[397]. Esos españoles que «en los restaurantes de la capital del Reino se consideran únicamente a efectos de estadística»[398]. Joaquín afirmó que «esta profesión de locos andando de aquí para allá sin tregua ni descanso me permite decir a pie de inventario de este asunto de la política, a fin de cuentas, merece el esfuerzo»[399]. Era un escrito en medio de la enfermedad. Así se lo hizo saber a su tío José Luis: «Los Garrigues somos sensibles en la enfermedad, primeras comuniones y ocasiones de muerte»[400].

El 9 de diciembre de 1979 Garrigues Walker apareció en el suplemento de *El País*, con una entrevista concedida a

---

[394] Ídem.

[395] Ídem.

[396] Garrigues Walker, Joaquín, «Esta profesión de locos», *Hoja del lunes de Madrid*, 22 de octubre de 1979.

[397] Ídem.

[398] Ídem.

[399] Ídem.

[400] Carta de Joaquín Garrigues Walker a José Luis Garrigues Díaz-Cañabate, noviembre de 1979.

la periodista Soledad Alameda. En ella, tal vez por la enfermedad, habló de una vejez anticipada y confesó que era un hombre que vivía en tensión, a pesar de su imagen relajada. Afirmó que sentía un gusto especial por la literatura. La entrevistadora le preguntó, entonces, por qué no dedicaba a ella: «Pues esa tentación la tengo alguna tarde. Pero, no sé. Supongo que está mal el decirlo, pero soy bastante perfeccionista y me doy cuenta de que no podría competir con un profesional de la pluma. Es decir, supongo que ante la atonía de la clase española soy uno de los buenos con la pluma. No sé si estoy entre los diez primeros, pero doy una media bastante buena»[401], respondió con humor.

«No acepto la vida pasivamente»[402], afirmó, mientras sostenía que «la vida en el fondo es maravillosa, en el esplendor y en la tragedia. Y en el dolor también»[403]. La enfermedad le cambió la vida, «en el sentido de que quizás esté más despegado de las cosas inmediatas; quizás tenga más perspectiva de las cosas de la vida en general»[404]. Contó que Suárez se molestó cuando en una ocasión le dijo que quería su sillón. Se declaró competitivo, una condición instintiva en el ser humano, y una persona que ha pasado momentos de soledad. Al preguntarle por el amor, respondió: «Soy una persona bastante sensible, a pesar de que tengo una imagen de dureza y frialdad»[405].

Con esa dureza y frialdad aparente, Garrigues, al cierre del año, pidió la democratización de UCD. Ponía así el dedo en la llaga. Y no era una broma en el día de los inocentes. Era una forma de afirmarse contra el modelo presidencialista que imperaba en el partido, impuesto por Adolfo Suárez. «Nuestro objetivo más urgente tiene que

---

[401] Alameda, Soledad, «Joaquín Garrigues Walker desde el escepticismo», *El País*, 9 de diciembre de 1979.
[402] Ídem.
[403] Ídem.
[404] Ídem.
[405] Ídem.

ser el democratizar la toma de decisiones en el partido»[406]. Y agregó tener «la ilusión de creer que el partido no es patrimonio particular de nadie en concreto, sino de todos los que lo hacemos posible todos los días»[407]. Las palabras de Joaquín llevaron a varios dirigentes de UCD a darle la razón y a otros a rasgarse de nuevo las vestiduras, como cada vez que surgían las críticas. Empezaba en forma una etapa del partido que, al año siguiente, lo pondría patas arriba.

La enfermedad retomó su cauce mortal a comienzos de 1980. Era un secreto a voces, pues todo el mundo lo sabía, menos él. Suárez era uno de los enterados y, por eso, dejó de ver en su ministro a un adversario para entender, en todo caso, que podría causarle mucho daño con sus críticas. Atrás quedaban viejas anécdotas como cuando se encontró en el aeropuerto con Josep Melià, que acompañaba a Suárez en su visita a Alicante, y había un tumulto de fotógrafos, que disparaban sus cámaras contra el presidente. Fue cuando Garrigues, que llegaba de Murcia, le dijo con absoluta seriedad: «Si estos chicos tuvieran mayor sentido de la historia, me fotografiarían a mí en lugar de retratar a Suárez»[408]. A la ambición de poder del ministro le quedaba poco trecho.

Amigo de Javier Solana, una figura ascendente del PSOE y compañero pilarista, le comentó en febrero que se encontraba con pocas fuerzas. La amistad entre ambos llegaba al punto de que Solana le confiaba sus escritos y reflexiones. Compartió con él el programa económico de su partido. Quiso que Garrigues le diera su opinión. Y así fue. Con su peculiar franqueza le señaló:

---

[406] Garrigues Walker, Joaquín, «Autocrítica, Bis», *ABC*, 28 de diciembre de 1979.

[407] Ídem.

[408] Melià, Josep, *Así cayó Adolfo Suárez*, Barcelona, 1981, p. 44.

A la búsqueda de la utopía liberal los hados del destino me han situado en el centro si bien guardo para ti y los tuyos el respeto que me merecen siempre quienes han luchado a lo largo de cien años por la consolidación de la libertad de nuestro país aún a costa, a veces, de su probabilidad inmediata de gobernar a causa quizás de unas ideas económicas deficientemente expuestas, escasamente justificadas y poco razonadas[409].

Joaquín se ocupó de cada detalle del programa en una extensa carta de ocho páginas. Cuestionó, desde la óptica liberal, la manera cómo el PSOE entendía el concepto de igualdad, la planificación concertada, las reivindicaciones salariales, la política monetaria y el sistema financiero. Se puso el uniforme de socialista y le precisó a Solana: «Propiedad pública, Burocracia y Corporaciones con cabeza democrática ¿es socialismo? Si encuentras la respuesta llámame por teléfono a la Clínica para ver si definitivamente me recupero»[410]. Sin duda, las debilidades del documento detectadas por Garrigues resultaron de utilidad para el PSOE, o, cuando menos, una vez corregidas, debieron servir para enfrentar sólidamente las críticas de sus adversarios.

El ministro marcó con humor el cierre de la larga carta: «En el supuesto poco probable de que hayas llegado hasta este punto te preguntarás a ti mismo si una cabeza tan privilegiada como la mía puede estar marginada de las decisiones trascendentales del país a lo que te anticipo la respuesta; poder, puede como se ve. Otra cosa distinta es que deba ser marginada»[411]. Y le agregó: «Si yo viviera en América estos comentarios te costarían unos trescientos mil dólares. Pero como vivo aquí te ruego que me ingreses la

---

[409] Carta de Joaquín Garrigues Walker a Javier Solana, 14 de febrero de 1980.
[410] Ídem.
[411] Ídem.

cantidad de una peseta en mi cuenta corriente en el Banco Español de Crédito cuya vida, como institución privada, guarde Dios muchos años»[412].

Suárez aceptó que Andalucía tuviera un proceso autonomista similar al del País Vasco y Cataluña, mediante un procedimiento rápido previsto por la Constitución. El comité ejecutivo de UCD lo rechazó el y propuso uno más lento, también contemplado por la Carta Magna. Rafael Escuredo y el presidente habían acordado un plebiscito para el 28 de febrero. El comité ejecutivo pidió la abstención de UCD. Esto provocó una crisis en el partido en Andalucía. Pidieron la baja dos senadores y seis alcaldes, pero el referéndum se llevó a cabo y fue capitalizado por el PSOE. Triunfó el sí en medio del desconcierto, con un descuido incomprensible por parte de UCD.

Suárez reaccionó y convocó al comité ejecutivo, cuya reunión fue el 3 de marzo. La critica contra él fue amplia, especialmente por parte de Martin Villa y Calvo-Sotelo, que lo recriminó por no haber intervenido en la campaña contra el referéndum. Al mismo tiempo, Arias Salgado también fue criticado. Pocas semanas después renunció a la Secretaría General del Partido. El presidente guardó silencio durante el encuentro.

Sobrevinieron luego las elecciones en el País Vasco y Cataluña, donde UCD perdió numerosos votos. La crisis era inocultable. En solo tres meses había perdido electores en esas dos regiones, se equivocó en Andalucía y los máximos dirigentes del partido chocaban entre sí. Los ministros económicos no se entendían con Fernando Abril Martorell, vicepresidente de Asuntos Económicos. Suárez, ante la crisis en el gabinete, trató de deshacerse de Abril pero lo dejó en el cargo porque no consiguió quien lo reemplazara. El vicepresidente se enteró del intento y, como consecuencia, la relación entre ambos entró en franco deterioro.

---

[412] Ídem.

Un deterioro semejante al que vivía el propio presidente. Había disconformidad entre los barones de UCD y no tuvo más remedio que constituir la Comisión Permanente del Partido para encarar los problemas del momento. En la Comisión estaban: Martin Villa, Fernández Ordóñez, Lavilla, Cabanillas, Abril Martorell, Arias Salgado, Álvarez de Miranda, Pérez Llorca, Calvo Ortega, Garrigues Walker y el propio Suárez. Mientras eso sucedía, desde el PSOE, Alfonso Guerra decía que «lo único que queremos es un hombre serio al frente del Ejecutivo»[413].

Los barones, entre ellos Garrigues, presionaron a Suárez para que resolviera la crisis con los nombramientos como nuevos ministros a Martín Villa y Fernández Ordóñez. Se pidió que se respetara a las familias fundadoras de UCD. Esto también tenía la intención de evitar que el presidente nombrara a Pérez Llorca en el gobierno. Después de 21 días, pareció resuelta la crisis. Hubo cambios ministeriales. A pesar de la oposición a su nombramiento, Pérez Llorca entró al gabinete, pero renunció el 1 de mayo. Era un triunfo de Garrigues y de Fernández Ordoñez. El tiempo que tardó Suárez en poner fin a la crisis lo debilitó aún más. A ello se sumó luego la discusión interna que generó el nombramiento de Rafael Calvo Ortega como secretario general del Partido. Aunque obtuvo el cargo, tuvo en contra a varios miembros socialdemócratas, a los liberales y algunos demócratas cristianos. Una tercera parte de UCD lo rechazaba. Suárez ya no aglutinaba.

La situación se agudizó cuando Felipe González anunció que el PSOE presentaría una moción de censura contra Suárez en el Congreso. Los socialistas querían sacar réditos de la crisis que reaparecía constantemente. Durante los últimos días de mayo se efectuaron los debates de la moción. UCD optó por la estrategia de responder a través de los

---

[413] Huneeus, Carlos, *La Unión de Centro Democrático y la transición a la democracia en España, op.cit.,* p. 278.

ministros. Diez miembros del partido lo defenderían de los ataques. Suárez no hablaría. La estrategia resultó fallida y el PSOE, protagonista del episodio, salió airoso y fortalecido. Suárez escuchó la serie de críticas sin moverse de su escaño. La imagen lo decía todo.

La moción de censura no salió adelante. Por escasos votos, Suárez se libró de la caída. Pero, ante los partidos políticos y la opinión pública, había perdido. Un 26% le dio la aprobación, mientras el 48% de los entrevistados manifestaron su desaprobación. Su liderazgo estaba en jaque. Los barones sentían tener la razón, mientras el rey también aparecía distanciado. Suárez no había visto con buenos ojos que el monarca se reuniera con jefes de los partidos.

Garrigues se enteró por esos días de la verdadera gravedad de su enfermedad. «Su ofensiva contra Suárez, a pesar de todo, no fue frontal por entero hasta que supo a ciencia cierta que la muerte le pisaba los talones. Quiso que su testamento político tuviera grandeza. Y activó el mecanismo contra el presidente. De sus labios, en núcleos empresariales y profesionales, se escucharon condenas sin apelación. Fue el primer espolvoreo serio de pólvora»[414], expresó Josep Melià, que se sentaba al lado de Garrigues en el Consejo de Ministros.

Melià recordaba el sentido del humor de Joaquín, que, según cuenta también Soledad Becerril, era siempre, junto a su simpatía, «objeto de comentarios favorables»[415]. En una ocasión, su compañero en el Consejo de Ministros le preguntó a Fernández Ordóñez, a propósito del peinado del ministro Rodríguez Sahagún: «Y ¿cómo dices que se llama el peluquero de Agustín?». Él también quería ahora peluquear a Suárez. No admitía la concentración excesiva de poderes, la falta de debate interno y la ausencia de comunicación e información entre los dirigentes de UCD y las bases.

---

[414] Melià, Josep, *Así cayó Adolfo Suárez, op. cit.*, p. 44.
[415] Entrevista con Soledad Becerril, 16 de noviembre de 2022.

Había que democratizar el partido y no veía a Suárez por la labor. Garrigues acaudillaba ahora al llamado sector crítico. La Comisión Permanente decidió reunirse en una finca del Ministerio de Obras Públicas y Urbanismo, cerca de Manzanares el Real, el 7 de julio, para tratar puntos relacionados con el II Congreso de UCD. La finca, conocida luego como la *Casa de la pradera* por la serie televisiva, escuchó el primer disparo cuando Garrigues habló claramente sobre el relevo de Suárez y lo hizo en su presencia. En un momento, el presidente abandonó la reunión para que se hablara tranquilamente sobre su permanencia en el poder. Intervino Garrigues: «Lo que Adolfo Suárez nos plantea al dejarnos solos es si estamos dispuestos a respaldarle y si creemos en su capacidad. Me cuestiono y no acepto el liderazgo de Suárez si sigue gobernando como hasta ahora. Si asumiese una corresponsabilidad en las decisiones estaría con él»[416]. Minutos antes de que saliera, Joaquín le dijo al presidente: «La misión del líder es realizar y luego repartir el juego»[417]. Cuando el presidente se reincorporó a la reunión, le manifestó a la Comisión que estaba dispuesto a dimitir si el partido no cambiaba su comportamiento. Pero, con el paso de las horas, todos admitieron que el liderazgo de Suárez era incuestionable. La reunión continuó el 9 de julio. Algunos barones, en cierta manera, habían logrado su propósito. Habría una dirección colegiada de UCD. Era lo que también pretendía Garrigues desde hacía meses. Melià lo percibió así:

> El precursor del movimiento «crítico» fue Joaquín Garrigues. Mientras soportaba estoica y desenfadadamente su incurable enfermedad, prodigó artículos y declaraciones a la prensa en el sentido de una seria reestructuración de los órganos directivos de UCD. El partido tenía que dejar de ser «excesivamente presidencialista» para potenciar la democra-

---

[416] Melià, Josep, *Así cayó Adolfo Suárez, op. cit.*, p. 56.
[417] Ídem.

cia interna, a través de un mandato decisorio radicado en el cónclave de los «barones»»[418].

La salud de Joaquín empeoraba, a medida que empeoraba la de UCD. El 28 de julio falleció en Madrid, a los 46 años. Un paro cardiaco arremetió contra él, a consecuencia de la leucemia que padecía. Fue una mala noticia. El presidente inexplicablemente no acudió al entierro por hallarse en México.

Los españoles recordaron la moción en contra de Suárez en el peor momento de su vida como político. Ese día Garrigues abandonó la clínica donde estaba hospitalizado por un par de horas. Su gran amigo y compañero liberal Antonio Fontán narró lo sucedido en el Congreso:

> La inesperada llegada de Garrigues al hemiciclo fue acogida con una ovación por los diputados puestos en pie. Su voto no era imprescindible porque Suárez tenía garantizada la mayoría y Garrigues lo sabía. Pero esa tarde Joaquín ofreció un testimonio de su sentido del deber político que rayaba en lo heroico, cosa no demasiado frecuente en los parlamentarios. Caballerosamente, Felipe González, el candidato propuesto para echar a Suárez, lo recibió en el centro del salón con un abrazo que registraron los fotógrafos y la televisión y recogieron al día siguiente los diferentes diarios. Quizás eran otros tiempos y otras formas. Era la Transición[419].

El día de su fallecimiento, al mejor estilo Kennedy, Antonio Garrigues Walker, un liberal convencido, tomó el relevo de su hermano, como lo había hecho Robert con John. El clan de los Garrigues siguió su camino.

---

[418] Ibíd., p. 58.
[419] Moreno Garcerán, Arturo, *Don Antonio Fontán Pérez. El espíritu de la política*, *op. cit.*, p. 123.

FUENTES

Fuentes orales

Entrevistas

Conversación con Emilio Garrigues Díaz-Cañabate, Madrid, 3 de febrero de 2000.

Conversación con Antonio Garrigues Walker, Madrid, 2 de marzo de 2000.

Conversación con Julio Pascual, Madrid, 23 de marzo de 2000.

Conversación con José María Paz Gago, La Coruña, 5 de octubre de 2022.

Conversación con Juan Luis Cebrián, Madrid, 23 de octubre de 2022.

Entrevista (vía correo electrónico) con Soledad Becerril, 16 de noviembre de 2022.

Correspondencia

Carta de Joaquín Garrigues Walker a José María Entrecanales, 24 de julio de 1959.

Carta de Joaquín Garrigues Walker a José Lladó Fernández Urrutia, 1 de febrero de 1960.

Carta de Antonio Garrigues Díaz-Cañabate a Joaquín Garrigues Walker, agosto de 1977.

Carta de Julio Pascual a Joaquín Garrigues Walker, 16 de diciembre de 1977.

Carta de Pedro Schwartz a Joaquín Garrigues Walker, 16 de diciembre de 1977.

Carta de Joaquín Garrigues Díaz-Cañabate a Joaquín Garrigues Walker, 18 de octubre de 1978.

Carta de Joaquín Garrigues Walker a José Luis Garrigues, 30 de octubre de 1978.

Carta de Joaquín Garrigues Walker a Adolfo Suárez, 14 de febrero de 1979.

Carta de Joaquín Garrigues-Díaz Cañabate a Joaquín Garrigues Walker, 4 de junio de 1979.

Carta de Joaquín Garrigues Walker a José Pedro Pérez-Llorca, 11 de junio de 1979.

Carta de Antonio Garrigues Díaz-Cañabate a Emilio Romero, 11 de junio de 1979.

Carta de Joaquín Garrigues Walker a José Pedro Pérez-Llorca, 11 de junio de 1979.

Carta de Joaquín Garrigues Walker a Fernando Abril Martorell, 1 de agosto de 1979.

Carta de Joaquín Garrigues Walker a José Luis Garrigues Díaz-Cañabate, noviembre de 1979.

Carta de Joaquín Garrigues Walker a Javier Solana, 14 de febrero de 1980.

Prensa

ALAMEDA, Soledad, «Joaquín Garrigues Walker desde el escepticismo», *El País*, 9 de diciembre de 1979.

AREILZA DE, Cristina, «Entrevista con Joaquín Garrigues Walker», *ABC*, 6 de junio de 1979.

BAVIANO, José María, «Transportes debe integrarse en Obras Públicas a corto plazo», *El País*, 23 de marzo de 1978.

CALVO HERNANDO, Pedro, Joaquín Garrigues Walker: «Carrillo será una anécdota en el parlamento», *Gaceta Ilustrada*, 4 de marzo de 1979.

CAMBIO 16, «Contrataca Garrigues», 7 de mayo de 1978.

EL PAÍS, «La dimisión de Fuentes Quintana», 4 de marzo de 1978.

FERNÁNDEZ IGLESIAS, Rocío, Joaquín Garrigues: «La tv debe ser una ventana abierta a todos los españoles», TeleRadio, 11 de junio de 1979.

FIDALGO, Luis F., «No podemos gobernarnos por las advertencias de Alfonso Guerra o los consejos de Santiago Carrillo», *Informaciones*, 14 de octubre de 1978.

GARRIGUES WALKER, Joaquín, ¿«Quién está en Babia?», documento enviado a Emilio Romero, director de *Pueblo*, 13 de febrero de 1960.

—, «Los programas políticos», *Informaciones*, 5 de junio de 1976.

—, «Políticos y tecnócratas», *El Diario Montañés*, 5 de julio de 1976.

—, «La magia socialista», *Blanco y Negro*, 4 de septiembre de 1976.

—, «La oposición democrática», *El País*, 5 de septiembre de 1976.

—, «La Armada Invencible», *Diario de Pontevedra*, 26 de septiembre de 1976.

— «Un liberal reprimido», *El País*, 10 de noviembre de 1976.

—, «Las aguas bajan turbias», *El País*, 27 de noviembre de 1976.

—, «La alternativa liberal», *Informaciones*, 4 de diciembre de 1976.

—, «El modelo sueco», *La Vanguardia*, 16 de diciembre de 1976.

—, «En la cresta de la ola», *El País*, 13 de marzo de 1977.

—, «Los liberales», *El País*, 19 de marzo de 1977.

—, «Apuntes para un periódico liberal», *Diario 16*, 23 de marzo de 1977.

—, «Los liberales, ¿para qué?», *Actualidad española*, 30 de marzo de 1977.

—, «Los políticos de la resistencia», *Diario 16*, 15 de mayo de 1977.

—, «Un país es un gesto», *ABC*, 17 de mayo de 1977.

—, «Un compromiso histórico», *El País*, 3 de junio de 1977.

—, «La fiesta ha terminado», *Cambio 16*, 21 de agosto de 1977.

—, «Gobernar no es ceder», *ABC*, 20 de septiembre de 1977.

—, «Piove, porco goberno», *ABC*, 5 de noviembre de 1978.

—, «No te olvides de Clausewitz», *El País*, 19 de noviembre de 1978.

—, «El color de las tapas», *El País*, 11 de febrero de 1979.

—, «¿Un gobierno de coalición?» *ABC*, 18 de febrero de 1979.

—, «Un nuevo horizonte», *Cambio 16*, 25 de marzo de 1979.

—, «Anecdotario curioso del bazo más grande del océano», *El País*, 8 de abril de 1979.

—, «La sonrisa de Callaghan», *Cambio 16*, 3 de junio de 1979.

—, «Las libertades con minúscula», *Cambio 16*, 3 de junio de 1979.

—, «El pelícano que se descolgó de la jaula de oro», *El País*, 24 de junio de 1979.

—, «La construcción de un nuevo Estado. Los canales de comunicación», *Cambio 16*, 24 de junio de 1979.

—, «La construcción de un nuevo Estado. Los problemas de verdad», *Cambio 16*, 1 de julio de 1979.

—, «El mandato presidencial», *ABC*, 6 de julio de 1979.

—, «Se busca un Mesías», *ABC*, 29 de julio de 1979.

—, Joaquín, «Autocrítica», *ABC*, 7 de septiembre de 1979.

—, «La Transición», *ABC*, 27 de septiembre de 1979.

—, «Esta profesión de locos», *Hoja del lunes de Madrid*, 22 de octubre de 1979.

—, «La construcción de un nuevo Estado. Nuestra economía en el terreno de los principios», *Cambio 16*, 4 de noviembre de 1979.

—, «La construcción de un nuevo Estado. El programa económico del gobierno», *Cambio 16*, 11 de noviembre de 1979.

—, «La construcción de un nuevo Estado. Otras reformas», *Cambio 16*, 16 de noviembre de 1979.

—, «Autocrítica, Bis», *ABC*, 28 de diciembre de 1979.

—, «La organización territorial del Estado. Recapitulación», *Cambio 16*, 13 de enero de 1980.

JIMÉNEZ, Miguel Ángel, «Conversación con Garrigues Walker», *Dinero*, junio 15 de 1979.

KOVEN, Ronald, «Spain's Shift to Democracy Smooth Yet Fragile», *The Washington Post*, 25 de junio de 1978.

PEDREGAL, Carlos, «Entrevista psicológica a Joaquín Garrigues Walker», *Interview*, julio de 1978.

RAMÍREZ, Pedro J., «No se puede seguir trampeando», *ABC*, 20 de septiembre de 1977.

URBANO, Pilar, «Prefiero organizar la UCD que ser ministro», *La Gaceta Ilustrada*, 14 de mayo de 1978.

VEGA, Pedro, «Entrevistas», *Mundo obrero*, 7 de enero de 1979.

YA, «Julián Marías: liberal es quien practica la libertad», 18 de mayo de 1978.

Bibliografía citada

AREILZA DE, José María, *Cuadernos de la transición*, Barcelona, Planeta, 1983.

—, *Diario de un ministro de la monarquía*, Barcelona, Planeta, 1977.

CAMUÑAS, Ignacio, *Partido Demócrata Popular*, Bilbao, Ediciones Albia, 1977.

COSGAYA GARCÍA, Jaime, *Antonio Fontán Pérez, (1923-2010). Una biografía política*, Valladolid, Universidad de Valladolid, 2014.

DESAZARS DE MONTGAILHARD, Sylvia, *La transition démocratique en Espagne: le parti du centre*, Paris, Ophrys Editions, 1995.

DUCH PLANA, Montserrat, «¿Una modélica transición a la democracia en España (1976-1982)?», en *Los partidos en la Transición*, Madrid, Biblioteca Nueva, 2013.

FEDERACIÓN DE PARTIDOS DEMÓCRATAS Y LIBERALES, *Partido Demócrata*, Madrid, Unión Editorial, 1977.

FERRARI, Álvaro, «Los Estados Unidos y el régimen de Franco, 1945-1973», en *Memoria y civilización*, Número 21, Pamplona, Universidad de Navarra, 2018.

FRAILE BALBIN, Pedro, *La retórica contra la competencia (1875-1975)*, Madrid, Fundación Argentaria, 1998.

GALLEGO MARGALEFF, Ferrán, «Cuando ayer era hoy. Crisis del régimen, movilización y negociación política en los inicios de la Transición», en *España en democracia. Actas del IV Congreso Internacional de Historia de Nuestro Tiempo*, Logroño, Universidad de La Rioja, 2014.

GARCÍA MARTÍN, Juan Andrés, *Cambio 16 y la Transición española, una voz autorizada*, Madrid, CSED, 2016.

GARCIA SAN MIGUEL, Luis, «Las ideologías políticas en la España actual», en *Sistema*, número 40, 1981.

GARRIGUES DÍAZ-CAÑABATE, Emilio, *Vuelta a las andanadas*, Madrid, Editorial Biblioteca Nueva, 1989.

GARRIGUES WALKER, Joaquín, «El Estado y la iniciativa privada en España», en *Apuntes sobre el Estado y la sociedad democrática*, Madrid, Unión Editorial, 1976.

—, «El Estado moderno y los grupos de presión», en *Apuntes sobre el Estado y la sociedad democrática*, Madrid, Unión Editorial, 1976.

—, *Qué es el liberalismo*, Barcelona, Editorial La Gaya Ciencia, 1976.

—, «Democracia», en *Joaquín Garrigues Walker, Perfil humano y político*, Pi, Ramón, Madrid, Editorial Cambio 16, 1977.

—, «Violencia», en *Joaquín Garrigues Walker, Perfil humano y político*, Pi, Ramón, Madrid, Editorial Cambio 16, 1977.

—, «Burguesía», en *Joaquín Garrigues Walker, Perfil humano y político*, Pi, Ramón, Madrid, Editorial Cambio 16, 1977.

—, «Capitalismo», en *Joaquín Garrigues Walker, Perfil humano y político*, Pi, Ramón, Madrid, Editorial Cambio 16, 1977.

—, «América», en *Joaquín Garrigues Walker, Perfil humano y político*, Pi, Ramón, Madrid, Editorial Cambio 16, 1977.

—, «Un nuevo modelo de Estado», en *Joaquín Garrigues Walker. Perfil humano y político*, Pi, Ramón, Madrid, Editorial Cambio 16, 1977.

GARRIGUES y DÍAZ-CAÑABATE, Antonio, *Diálogos conmigo mismo*, Barcelona, Planeta, 1978.

—, *Nuevos hechos, nuevo derecho de sociedades anónimas*, Madrid, Revista de Derecho Privado, 1933.

GRAY, Rockwell, *José Ortega y Gasset, El imperativo de la modernidad*, Madrid, Espasa Calpe, 1994.

HAYEK, Friedrich A., *Los fundamentos de la libertad*, Madrid, Unión Editorial, 1988.

—, *Derecho, legislación y libertad*, Vol. 1, Madrid, Unión Editorial, 1994.

HERRERO DE MIÑÓN, Miguel, *Memorias de estío*, Ediciones Temas de Hoy, Madrid, 1993.

HUNEEUS, Carlos, *La Unión de Centro Democrático y la transición a la democracia en España*, Madrid, Siglo XXI, 1985.

JULIÁ, Santos, *Transición, Historia de una política española (1937-2017)*, Barcelona, Galaxia Gutenberg, 2018.

KASPI, André, *John F. Kennedy*, Madrid, Grupo Correo Prensa Española, 2003.

LEMUS LÓPEZ, Encarnación, «*Made in Spain*, de la autocomplacencia a la crisis», en *Los partidos en la Transición*, Madrid, Biblioteca Nueva, 2013.

MELIÀ, Josep, *Así cayó Adolfo Suárez*, Barcelona, Planeta, 1981.

MORENO GARCERÁN, Arturo, *Don Antonio Fontán Pérez. El espíritu de la política*, Madrid, Universidad Internacional de La Rioja, 2013.

MORENO LUZÓN, Javier, «Los liberales», en *Las claves de la España del Siglo XX. Ideologías y movimientos políticos*, Madrid, Sociedad Estatal España Nuevo Milenio, 2001.

NEGRO, Dalmacio, *El liberalismo en España*, Madrid, Unión Editorial, 1988.

ORTEGA DÍAZ-AMBRONA, Juan Antonio, *Las transiciones de UCD. Triunfo y desbandada del centrismo (1978-1983)*, Barcelona, Galaxia Gutenberg, 2020.

ORTEGA Y GASSET, José, *La rebelión de las masas*, Madrid, Espasa, 1999.

ORTIZ HERAS, Manuel, «Un *partido* político para la reforma: La UCD *de* Adolfo Suárez (1976-1982)», en *Los partidos en la Transición*, Madrid, Biblioteca Nueva, 2013.

PASCUAL, Julio, *Economía de mercado...y otras cosas*, Madrid, Unión Editorial, 1978.

PI, Ramón, *Joaquín Garrigues Walker, Perfil humano y político*, Madrid, Editorial Cambio 16, 1977.

POWELL, Charles, «El reformismo centrista y la transición democrática: retos y respuestas», en *Historia y Política*, número 18, Centro de Estudios Políticos y Constitucionales, 2007.

SENENT SANSEGUNDO, Juan Carlos, «¿Todos los partidos?: Partidos ilegales y las elecciones de 1977», en *Hispania Nova*, Número 19, Universidad Complutense de Madrid, 2021.

URIGÜEN, Natalia, «La ayuda del Partido Liberal Alemán y la Friedrich-Naumman-Stiftung a sus homólogos españoles en la Transición», en *Historia y política*, Número 43, Madrid, Universidad Complutense de Madrid, 2020.

CRONOLOGÍA

Año	Vida y obra de Joaquín Garrigues Walker	Acontecimientos en España	Acontecimientos en Europa	Acontecimientos mundiales
1933	Nace en Madrid, el 30 de septiembre	Fundación de la Falange. Triunfo de la derecha en las elecciones de noviembre.	Hitler es nombrado canciller de Alemania. Constitución en Portugal. Golpe de Estado en Austria.	Alemania y Japón se retiran de la Sociedad de Naciones. Se ahonda crisis económica mundial. Roosevelt asume la presidencia en Estados Unidos y anuncia el New Deal. Golpe de estado en Uruguay.
1936		Victoria del Frente Popular. Azaña es elegido presidente de la República. Guerra civil española.	Hitler invade Renania. Eduardo VIII de Inglaterra abdica. León Blum, presidente de Francia. Se constituye el Eje. Dictadura en Grecia.	Roosevelt reelegido en Estados Unidos. Golpe de estado en Paraguay. Gobierno militar en Bolivia.
1937		Alemania bombardea Guernica.	León Blum dimite en Francia. Se conforma el	Los árabes reprueban partición de

			eje. Italia se retira de la Sociedad de Naciones.	Palestina.
1939		Franco gana la guerra y se exilia el gobierno republicano.	Pacto entre Alemania y Unión Soviética. Ocupación nazi de Varsovia. Francia e Inglaterra declaran la guerra a Alemania.	
1940		Se aprueba ley para la represión de la masonería, el comunismo y demás sociedades clandestinas. Muere Azaña en Francia.	Alemania invade Dinamarca, Noruega, Bélgica, Países Bajos, Francia y Rumania. Formación del gobierno de Churchill en Gran Bretaña. Pacto de Alemania, Italia y Japón.	Roosevelt reelegido en Estados Unidos. Brasil auxilia a las potencias aliadas.
1941		Muere en Roma Alfonso XIII.	Alemania ocupa Grecia, Yugoeslavia e invade la Unión Soviética.	Japón destruye la flota norteamericana en Pearl Harbor. Estados Unidos declara la guerra al eje.
1943			Mussolini se	Conferencia

			entrevista con Hitler.	Roosevelt-Churchill en Casablanca. Las potencias deciden crear la ONU. Roosevelt y Churchill se entrevistan con Stalin y Chang-Kay-Shek. Golpes de estado en Argentina y Bolivia.
1944	Fallece su madre, Helen Anne Walker.		Desembarco aliado en Normandía. Entran los aliados en Roma.	Conferencia en Quebec, que reúne a Roosevelt y a Churchill. Se establecen las bases de la ONU.
1945		España cierra la frontera con Francia.	Churchill deja de ser primer ministro en Gran Bretaña. Detención y muerte de Mussolini. Suicidio de Hitler.	Conferencia de Yalta. Muerte de Rooselvelt. Truman, nuevo presidente de Estados Unidos. Creación de las Naciones Unidas. Estados Unidos lanza bombas atómicas sobre Hiroshima y Nagasaki.

				Capitulación de Japón. Fin de la Segunda Guerra Mundial.
1946		La ONU rechaza el ingreso de España.	Conferencia de París sobre tratado de paz. Dimite De Gaulle en Francia.	Termina la Sociedad de Naciones. Juan Domingo Perón, presidente de Argentina.
1947		Presentación en las Cortes del proyecto de ley de sucesión, aprobado luego por referéndum.	Marshall, secretario del presidente Truman, anuncia el plan de reconstrucción de la economía europea.	Resolución de la ONU que divide Palestina en dos estados.
1950	Se gradúa de bachiller del Colegio Nuestra Señora del Pilar. Ingresa a la facultad de derecho de la Universidad Complutense.	Estados Unidos concede importantes créditos a España. La ONU decide reanudar las relaciones diplomáticas con España.		Guerra de Corea.
1951			En París se crea la Comunidad Europea de Carbón y del Acero. Churchill, primer ministro de Gran Bretaña.	

1952			Constitución de la Comunidad Europea de Defensa. Isabel II, reina de Gran Bretaña.	
1953		Firma del Concordato entre España y la Santa Sede.		Eisenhower, elegido presidente de Estados Unidos. Muere Stalin en la Unión Soviética.
1956	Viaja a Estados Unidos. Comienza a trabajar en el Chase Manhattan Bank.	Muere Pío Baroja. Se reconoce la independencia de Marruecos.	Francia reconoce la independencia de Túnez.	Nasser nacionaliza el Canal de Suez, tras la negativa de Estados Unidos a dar un préstamo para construir la presa de Asúan. Jruschev denuncia en la Unión Soviética las purgas y los crímenes de Stalin.
1957	Regresa a España y se reincorpora a la firma J.&A. Garrigues.		Firma de los tratados de Roma que crean la Comunidad Económica Europea y la Comunidad Europea de la Energía Atómica.	

1959		Eisenhower llega a España en visita oficial.	Charles de Gaulle, presidente de la V República francesa.	Tras la huida del dictador Fulgencio Batista, Fidel Castro, primer ministro de Cuba
1961	Contrae matrimonio con Mercedes Areilza y Churruca		Construcción del muro de Berlín.	Ruptura de las relaciones diplomáticas entre Estados Unidos y Cuba. Kennedy, elegido presidente de Estados Unidos.
1962	Su padre es nombrado embajador en Washington, D.C.	Reunión del llamado "Contubernio de Munich", entre representantes de organizaciones opuestas al régimen franquista.	George Pompidou, primer ministro de Francia.	Fin a la guerra de independencia en Argelia. Crisis de los misíles entre Estados Unidos y Cuba. Celebración del Concilio Vaticano II.
1963			Ludwig Erhard sucede a Konrad Adenauer como canciller alemán.	Asesinado John Kennedy. Pablo VI, Papa.
1965	Es nombrado Consejero Delegado de Liga Financiera, S.A.		De Gaulle, reelegido presidente de Francia.	Los marines norteamericanos intervienen en República Dominicana. Marcos, elegido presidente de

				Filipinas.
1967	Consejero Delegado de Autopistas Concesionaria Española, S.A.			Guerra de los Seis Días en el Medio Oriente.
1968		Declaración de independencia de Guinea Ecuatorial.	Se produce la llamada "Revolución de Mayo" en París.	Asesinado Martin Luther King en Estados Unidos. El FATH, dirigido por Arafat, se transforma en la OLP.
1969		El príncipe don Juan Carlos es designado por Franco como sucesor a la jefatura de Estado.	Willy Brandt, canciller alemán. De Gaulle dimite en Francia. Le sucede Georges Pompidou.	
1970	Presidente de la Sociedad Española de Radiodifusión (SER). Conferencia en el Club Pueblo de Madrid: "El Estado Moderno y los Grupos de Presión".	Indulto a los miembros de ETA condenados a muerte en el "Proceso de Burgos".	Nace en Italia el grupo terrorista de las "Brigadas Roja".	Salvador Allende, presidente de Chile.
1973		Franco separa las jefaturas de Estado y Gobierno. Carrero Blanco,	Se proclama la república en Grecia. Golpe de Estado.	Guerra árabe-israelí. Los norteamericanos

		presidente de gobierno, es asesinado por ETA. Carlos Arias Navarro es nombrado presidente del gobierno.	Carlos Gustavo, rey de Suecia.	evacuan Vietnam del Sur. Se desata crisis del petróleo, tras decisión de los países productores de aumentar el precio.
1974	Decide dedicarse a la actividad política. Anfitrión de una cena entre líderes de la oposición: el espíritu de Aravaca. Conferencia en el Colegio de Economistas de Barcelona: "El Estado y la Iniciativa Privada en España".	Arias Navarro presenta ante las Cortes su programa de gobierno. El príncipe de España asume interinamente la jefatura de Estado por enfermedad de Franco. Santiago Carrillo y Rafael Calvo Serer presentan en París la Junta Democrática. Felipe González, elegido en el exilio secretario general del PSOE. Detenidos en Madrid varios líderes de la oposición democrática. Se aprueba el	Helmuth Schmidt, canciller de Alemania. Harold Wilson, primer ministro de Gran Bretaña. Valéry Giscard d'Estaing, presidente de Francia. Estalla en Portugal la "Revolución de los claveles". Termina la dictadura. Friedrich Hayek, Premio Nobel de Economía.	Nixon renuncia a la presidencia de Estados Unidos.

		proyecto de Asociaciones Políticas por el Consejo Nacional del Movimiento.		
1975	Asiste en Bruselas al coloquio "La nueva España frente a Europa", organizado por el Club Realidades Europeas. En declaraciones a la BBC afirma que el Rey debe ser algo más que lo que era mientras Franco estaba en el poder. Su padre es nombrado Ministro de Justicia, durante el primer gobierno de la monarquía.	Se cierra la Universidad de Valladolid y la de Salamanca por orden del gobierno. El PSOE presenta la Plataforma de Convergencia Democrática. El gobierno conmuta seis penas de muerte contra acusados de terrorismo. El rey de Marruecos anuncia la "Marcha Verde" sobre el Sahara. El príncipe de España asume por segunda vez la jefatura del Estado. Muerte de Franco. Don Juan Carlos, rey de España.		Triunfa el movimiento de liberación en Angola.
1976	Crea el Gabinete de Estudios	El gobierno deroga 15 artículos de la	Raymond Barré sustituye a	Muere Mao Tse Tung.

Libra con Antonio Fontán y Miguel Herrero. Participa por el Partido Demócrata en una reunión de los líderes de la oposición en el restaurante Jai Alai. Suscribe, por el Partido Demócrata, un documento de la oposición que establece las condiciones para la legitimidad democrática del referéndum sobre la Reforma Política. Prepara la fundación del Partido Demócrata Liberal con la ayuda de Antonio Fontán. Publica el libro *Qué es el liberalismo*.	ley antiterrorista. Incidentes en Vitoria entre trabajadores y fuerzas de orden público. Santiago Carrillo ingresa clandestinamente a España. La Junta Democrática y la Plataforma de Convergencia se fusionan en la Coordinación Democrática. Sale a la calle el diario El País. Las Cortes aprueban la ley reguladora del derecho de reunión. El rey de España se compromete ante el congreso de Estados Unidos a instaurar la democracia. Adolfo Suárez es designado por el rey presidente de gobierno.	Jacques Chirac como primer ministro en Francia. Mario Soares constituye un gabinete socialista en Portugal.	Voto de la ONU que autoriza la creación de un estado palestino. Isabel Martínez Perón es depuesta en Argentina por un golpe de estado.

	Tras la detención de Carrillo, pone a la orden del día la legalización del Partido Comunista.	Se aprueba un decreto-ley que concede la primera amnistía. Aparece Diario 16. Las Cortes aprueban Reforma Política. Referéndum sobre la Reforma Política. Santiago Carrillo recupera la libertad.		
1977	Urge la constitución del Centro Democrático en reunión con José María de Areilza, Ignacio Camuñas y Pío Cabanillas. Incorpora su Federación de Partidos Demócratas y Liberales al Centro Democrático. Asiste como invitado al congreso del Partido Popular	Elementos de la extrema derecha asesinan a abogados laboralistas vinculados al partido comunista Relaciones diplomáticas con la Unión Soviética. Se disuelve el Movimiento Nacional. El Partido Comunista es legalizado. Areilza dimite como vicepresidente del Partido Popular.	España presenta su solicitud de ingreso a la CEE. España ingresa en el Consejo de Europa.	Deng Xiaping regresa al poder en China. Menahen Begin, primer ministro de Israel.

y habla en nombre de la FPDL. Interviene como orador en la Convención Liberal Europea. Se opone al plan de Calvo Sotelo de constituir un partido sobre la base de la Coalición. Suscribe la constitución de UCD. Es elegido diputado por Madrid como cuarto de la lista de UCD. Asume como Ministro de Obras Públicas y Urbanismo. Es portada de la revista Cambio 16. Publica un polémico artículo en ABC: "Gobernar no es ceder". Acepta la	Se constituye la Unión de Centro Democrática. Primeras elecciones democráticas. Suárez, nuevo presidente del gobierno. Los pactos de la Moncloa son ratificados por el Congreso.		

	disolución de los partidos para dar origen al partido UCD. Se desmarca públicamente de las negociaciones de los Pactos de la Moncloa.			
1978	Es elegido miembro del Comité Ejecutivo de UCD en su primer congreso. Conferencia en el Club Siglo XXI.	Primer congreso de UCD. Aprobada la Constitución por el parlamento español y en referéndum. Adolfo Suárez anuncia la disolución de las cámaras y convoca a elecciones generales y municipales.	España se incorpora al Parlamento Europeo. Chirac, primer ministro en Francia. Asesinado Aldo Moro en Italia.	Guerra de insurrección en Nicaragua. Juan Pablo II, papa.
1979	Encabeza la lista por UCD en Murcia. Es nombrado ministro adjunto a la Presidencia de Gobierno. Inicia, en Cambio 16, la serie periodística	Tras las elecciones generales, Suárez presidente del gobierno. Felipe González, aclamado como secretario general del PSOE.	Se inician las negociaciones para adhesión de España a las Comunidades Europeas. Margaret Thatcher, primera ministra de Gran Bretaña.	Estados Unidos invade isla de Granada. Sadam Hussein toma el poder en Irak. Se instaura la República islámica de Irán. Jomeini asume el poder

	La construcción de un nuevo Estado.			supremo. Tratado de paz entre Egipto e Israel. Dimite Somoza en Nicaragua. Tropas soviéticas invaden a Afganistán.
1980	Forma parte de la Comisión Permanente de UCD, creada por Suárez, tras los fracasos electorales del partido en el País Vasco y Cataluña. Desafía la autoridad de Suárez en reunión de la Comisión Permanente en la Casa de la Pradera. Muere, en Madrid, el 28 de julio.	Ajustes en el gabinete de Suárez. Debate sobre la moción de censura planteada por el PSOE contra el gobierno de Suárez. Reunión de altos dirigentes de UCD para analizar la situación del gobierno de Suárez.	Triunfo electoral de la coalición gubernamental de Helmut Schmidt en Alemania.	Ley marcial y prohibición de partidos en Corea del Sur. Muere el mariscal Tito en Yugoeslavia.

**Para más información,
véase nuestra página web**

www.unioneditorial.es